ロジカル・シンキング練習帳

論理的な考え方と書き方の基本を学ぶ51問

コミュニケーション・スペシャリスト
照屋華子

Logical Communication
Skill Workbook

So What? Why So?
MECE

東洋経済新報社

改訂メール

件名:プレゼン資料翻訳について報告とお願い

室町部長

先ほどは、A社向けのプレゼン資料のファイルを送付いただき、ありがとうございました。

さっそくですが、資料翻訳の進捗報告とお願い事項をお送りします。ご確認とご対応をお願いします。

●進捗報告

　当資料の翻訳版を8日(水)のプレゼンで使うことができます。

　・本日10時に、原稿を翻訳エージェントに渡し済みです。

　・7日(火)17時に、翻訳版が本郷宛に届きます。

●納品後、クイック・チェックのお願い

　7日(火)17時をめどに、翻訳チェックの時間をとっていただきたく、お願いします。

　・納品後直ちに、翻訳ファイルをメールでお送りします。

　・修正がありましたら、8日(水)9時までにご指示ください。

　・それを反映させて、プレゼン用の配布分を用意します。

お手数をおかけしますが、よろしくお願いいたします。

本郷　内線1234

残念メール

件名:プレゼン資料の件

室町部長

先ほどは、A社向けのプレゼン資料のファイルを送付いただき、ありがとうございました。

本件の翻訳ですが、翻訳エージェントに確認したところ、本日午前中に依頼すれば、7日(火)17時に翻訳ファイルが本郷に納品されるとのことでした。本日10時に翻訳を依頼しましたので、7日に出来上がり次第、部長に翻訳ファイルをお送りさせていただきますので、チェックしていただくことができます。 ついては、今朝の打ち合わせどおり、8日(水)のA社へのプレゼンで当資料を使うことが可能です。以上、ご報告させていただきます。

本郷　内線1234

巻頭サンプルメール

この扉の裏に掲載しているメールは、各章のLessonで使用するサンプルメールです。Lessonの学習を進めるときに、広げて使用してください。

はじめに

仕事に直結する
論理的な考え方と書き方の
基礎力を身につける

✉ 本書の練習で身につく技術

本書は、ロジカル・コミュニケーションの「基本の型」を身につけるための練習帳です。 ロジカル・コミュニケーションとは「わかりやすく論理的に、しかも速く、感じよくメッセージを伝えて、仕事を前進させる」ことです。誰にとっても普段の仕事に直結するものです。

拙著『ロジカル・シンキング』（共著）、『ロジカル・ライティング』を上梓してから、私はさまざまな業種のビジネス・パーソンのみなさんとロジカル・コミュニケーションの研修を行ってきました。その中で採り入れている、ロジカル・コミュニケーションの基礎を身につける練習を、本書にまとめました。

この練習は、「こんな要素をこう整理して、こう並べる」という伝え方の「基本の型」を身近なビジネスメールを使って学ぶというものです。

「え、メール？」と意外に感じるかもしれませんが、研修で受講者のみなさんは、「基本の型」に自分や同僚のメールを照らして、自分や同僚のくせに気づきます。「こうなっていないから、『で、何なの？』と言われるのか」「これがないから、伝わらないのか」というように。

頭と手を動かしてエクササイズをすると、「いつものやり方のここを変えればいいのか」「論理思考をこう使えばいいのか」「メールだけでなく、話すときにも適用できる」と納得します。

「メールの返事が速くくるようになった」「会議で応用したら、すんなり OK が出た」「部下のメールに変化が表れた」などの声も研修後にいただきます。

基本の型を作るためには 4 つの技術が必要です。本書でもこの 4 つの練習に取り組みます。

1

① 伝える前の準備の技術
② 思考を整理・構成する技術
③ 構成を視覚化して表現する技術
④ 日本語表現を好感度も含めて整える技術

　①と②はわかりやすく論理的に考えを整理する「ロジカル・シンキング」の技術、③と④は論理的に整理したものをわかりやすく表現する「ロジカル・ライティング」の技術です。思考整理と表現の両方の基礎の技術をバランスよく持つことがロジカル・コミュニケーションにつながります。4つを練習して「基本の型」を身につけること――。それが練習の狙いです。
「技術」は効果的な練習を繰り返せば、誰でも身につけることができるものです。また、基礎をしっかり身につけておけば、応用の技術――例えば、社内外への提案を構成するための論理構成のパターン、それらをプレゼンテーションする際の表現方法など――もスムーズに習得できるでしょう。
　ロジカル・コミュニケーションの基礎力を磨きたい、部下の基礎力アップを図りたいという方に、本書をぜひ活用していただければと思います。

✉ 本書の構成―全体

　第1章では、メッセージの伝え方の「基本の型」を解説します。第2章から練習を開始します。

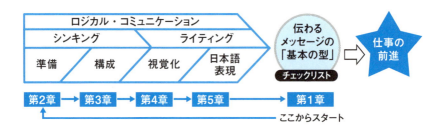

● 第1章：全体像
　メッセージの伝え方の基本の型を「これを満たすようにメッセージを伝えよう」というチェックリストの形で共有します。自分や部下の伝え方を照ら

してみてください。「練習ポイント」が浮かんでくるでしょう。

　ロジカル・シンキング＆ライティングの予備知識がない場合は、第2章以降を順に練習していくとよいでしょう。既習の場合は、自分の練習ポイントに該当する章から取り組むことも可能です。

●第2章：準備

　伝わるメッセージを構成するための準備を練習します。どんなに時間がないときでも、これだけは確認しておきたい2つの事柄と、その確認の方法を学びます。

　メッセージが伝わらないと悩んでいる人の盲点になりがちな準備ですが、練習をすれば効果がすぐに出ます。

●第3章：構成

　メッセージの構成を、ロジカル・シンキングをどう使うかを中心に練習します。「導入部→本論→結び」というメッセージのセクションごとに構成を練習していきます。準備で確認した要素で構成するのが導入部です。

　本論の構成は、ロジカル・シンキングの2つの考え方を用いて行います。1つは、テーマに対してずれることなく、So What?/Why So?（結局、何なのか?/なぜ、そう言えるのか?）を明確にすること。もう1つは、説明が羅列にならないように、また大きな欠けもないように、MECE（Mutually Exclusive and Collectively Exhaustive；相互に重なりなく、全体として漏れがない）という考え方を活用して整理することです。2つの考え方を構造ボックスの図で練習します。

●第4章：視覚化

　メッセージの要点が速く伝わるように、構成をパッと見てわかるように表す練習をします。

　頭の中で思考が整理・構成できても、相手にそのように読めたり、聞こえたりしなければ、メッセージは正確に伝わりません。しかも、仕事では、要点が速く伝わるための工夫が重要です。ロジカル・シンキングで構成した内容を、効果的に表現するコツを練習します。

●第５章：日本語表現

メッセージが伝わるために不可欠な日本語表現について練習します。あなたが普段使っている日本語は、伝えたい内容を的確に、しかも違和感なく好感を持ってもらえるように表していますか。「社内でみんなが使っているから」「特に考えることもなく」と、何気なく使っていることばや言い回しの中に、伝わりにくさのもとがあると残念です。自分のチェックリストを持ってください。

✉ 練習の進め方

第２〜５章は「Lesson →例題→練習問題」という流れで練習を進めます。

● Lesson

各章の重要なポイントを、１レッスン１テーマで解説します。問題に取りかかる前に確認しましょう。サンプルメールは第１章と同じものです。巻頭折り込みページに全文がありますので、それを広げて読んでください。

●例題

Lesson で学んだ考え方をどう使うかを解説のもとで練習します。

第２〜４章の例題は、３つの同じ文例で構成されていますが、設問は章ごとに異なります。例題に２回取り組めば、みっちり練習できます。

・１回目は各章の例題を、本の順番で取り組む。
　（例題 2-1 →例題 2-2 →例題 2-3 など）
・２回目は同じ文例の例題ごとに準備→構成→視覚化の順で取り組む。
　（例題 2-1 →例題 3-1 →例題 3-4 →例題 4-1 など）

なお、第２〜４章の例題のメールの改訂例は、巻末の「メールの改訂例」に掲載しました。

●練習問題

Lesson と例題をふまえれば取り組める問題です。設問ごとの解説・解答例

はありませんが、第2〜4章の練習問題で取り上げたすべてのメールと練習問題 5-5 については、改訂例を巻末の「メールの改訂例」に載せました。解答の参考にしてください。

　例題・練習問題のメールは、本書の練習用に作成したものと、私の研修の演習で使用したものとで構成しました。すべて架空の設定・内容です。一連の問題には、研修などでご提供いただいた実際のビジネスメールを拝見して分析した「伝わりにくいメッセージの特徴」を反映させています。問題の一部には、実際のメールを参考に作成したものもありますが、個人・組織の特定やその固有情報の把握が一切できないように設定・内容を変更しました。身の回りにあるような内容、実務でロジカル・シンキング＆ライティングの技術を使うイメージを持ちやすい内容を心がけました。

　いま、私たちビジネス・パーソンは日々の報連相（報告・連絡・相談）や依頼、ちょっとした提案をメールで行います。普段の仕事を思い浮かべながら練習に取り組んで、ロジカル・コミュニケーションの「基本の型」を習慣にしていただければ幸いです。

目次
ロジカル・シンキング練習帳

巻頭サンプルメール 残念メールと改訂メール

はじめに ……… 1

第1章【全体像】
ビジネスメールで論理思考を習慣にする！
メッセージの「基本の型」とそのチェックポイント

Warm-up	わかりやすく論理的に、しかも速く、感じよくメッセージを伝えて、仕事を前進させる！	12
Goal&Check	伝わるメールには「基本の型」がある！	14
Check 1	テーマがわかるか？	16
Check 2	期待する反応がわかるか？	18
Check 3	グループ化が見ただけでわかるか？	20
Check 4	グループごとに要点がわかるか？	22
Check 5	「具・簡・論・好」の日本語を使っているか？	24
Goal	「基本の型」は練習で身につく！	26

第2章【準備】

伝わるものは書く「前」に決まる！
相手に「動いてもらう」ための重要な準備

Lesson 1	「伝えた後」を考える …… 30
Lesson 2	相手の時間を犠牲にしない …… 32
Lesson 3	何について書くかをはっきりさせる …… 34
Lesson 4	相手にしてもらいたいことをはっきりさせる …… 36
Lesson 5	会議もメールも同じこと …… 38

- 例題 2-1【準備】業務改善プロジェクト …… 40
- 例題 2-2【準備】新ボイスメール …… 44
- 例題 2-3【準備】シラバス作成 …… 48

- 練習問題 2-1【準備】社内便 …… 52
- 練習問題 2-2【準備】勤続表彰式 …… 53
- 練習問題 2-3【準備】電話システムの切り替え …… 54
- 練習問題 2-4【準備】QC表彰式 …… 55
- 練習問題 2-5【準備】電話増設 …… 56
- 練習問題 2-6【準備】海洋性コラーゲン …… 57
- 練習問題 2-7【準備】調理機器の入れ替え …… 58

第3章【構成】

頭の中を「構造ボックス」で整理する！
わかりやすく論理的なメッセージの構成法

- **Lesson 1** メッセージは3つのセクションで構成する …… 60
- **Lesson 2** 導入部はメッセージの全体像を伝える …… 62
  - 例題 3-1【導入部】業務改善プロジェクト …… 64
  - 例題 3-2【導入部】新ボイスメール …… 67
  - 例題 3-3【導入部】シラバス作成 …… 70
  - 練習問題 3-1【導入部】社内便 …… 73
  - 練習問題 3-2【導入部】勤続表彰式 …… 74
  - 練習問題 3-3【導入部】電話システムの切り替え …… 75
  - 練習問題 3-4【導入部】QC表彰式 …… 76
- **Lesson 3** 本論は2つの考え方で整理する …… 77
- **Lesson 4** 「構造ボックス」で思考整理の習慣をつける …… 81
- **Lesson 5** 要素分解、ステップ、対照概念でグループ化する …… 83
  - ウォーミングアップ1 受信ボックスのグループ化 …… 86
  - ウォーミングアップ2 自己紹介のグループ化 …… 86
- **Lesson 6** 構造ボックスの内容は「文」の形で考える …… 87
- **Lesson 7** 結びで好印象を残す …… 89
  - 例題 3-4【本論】業務改善プロジェクト …… 90
  - 例題 3-5【本論】新ボイスメール …… 94
  - 例題 3-6【本論】シラバス作成 …… 98
  - 例題 3-7【本論】シラバス作成（応用） …… 102
  - 練習問題 3-5【本論】社内便 …… 106
  - 練習問題 3-6【本論】電話システムの切り替え …… 107
  - 練習問題 3-7【本論】勤続表彰式 …… 108
  - 練習問題 3-8【本論】QC表彰式 …… 109
  - 練習問題 3-9【本論】海洋性コラーゲン …… 110
  - 練習問題 3-10【本論】調理機器の入れ替え …… 111
  - チャレンジ問題 3-1【本論】部員の不満の背景 …… 112
  - チャレンジ問題 3-2【本論】顧客Aさんへのヒアリング …… 114

第4章【視覚化】

「見てわかる」ように書く!
メッセージが速く正確に伝わる書き方

Lesson 1	「飛ばし読み」でも正確に伝わる書き方を覚える	116
Lesson 2	So What? 先出しが原則	118
Lesson 3	視覚化のコツ① スペース&記号を活用する	120
Lesson 4	視覚化のコツ② 見出しを付ける	122
Lesson 5	視覚化のコツ③ 文頭で切り口を示す	124
Lesson 6	「見てわかる」は文書でも同じ	126
例題	4-1【視覚化】業務改善プロジェクト	128
例題	4-2【視覚化】新ボイスメール	132
例題	4-3【視覚化】シラバス作成	136
練習問題	4-1【視覚化】QC表彰式	140
練習問題	4-2【視覚化】ママさん社員・イクメン社員の支援策	141
練習問題	4-3【視覚化】X社の状況	142
練習問題	4-4【視覚化】主要なチーム会議の概略	143
練習問題	4-5【視覚化】社内便	144
練習問題	4-6【視覚化】構成の視覚化	144
練習問題	4-7【視覚化】顧客Aさんへのヒアリング	145

第5章【日本語表現】

具・簡・論・好で伝わる力がアップする！
伝わるメッセージを支えることばの使い方

Lesson 1	いつもの"なんとなく"の日本語表現で大丈夫？ ……… 148
Lesson 2	［具体性］So What?をことばにする ……… 150
Lesson 3	［簡潔さ］パッと見て意味をつかめるように書く ……… 152
Lesson 4	［論理性］接続の関係を明示する ……… 154
Lesson 5	［好感度］よい印象を残すことばの使い方 ……… 157

- 例題 5-1【具体性】クリーンデーの廃棄物処理 ……… 160
- 例題 5-2【具体性】社会人大学院生の増加の背景 ……… 162
- 例題 5-3【簡潔さ】中国の工業用ミシン市場の概況 ……… 164
- 例題 5-4【簡潔さ】今後の研修 ……… 166
- 例題 5-5【簡潔さ】増員と強化 ……… 168
- 例題 5-6【簡潔さ】オフィス移転 ……… 170
- 例題 5-7【好感度】見積もりプロセスの改革事例に関する資料 ……… 172

- 練習問題 5-1【日本語表現】サイレント・チェンジ ……… 174
- 練習問題 5-2【日本語表現】支店でのFAX機交換について ……… 174
- 練習問題 5-3【日本語表現】社内報 ……… 175

メールの改訂例 ……… 177

おわりに ……… 189

第1章【全体像】

ビジネスメールで論理思考を習慣にする！

メッセージの「基本の型」とそのチェックポイント

Warm-up

わかりやすく論理的に、しかも速く、感じよくメッセージを伝えて、仕事を前進させる!

✉ 大事な３つの要素

　ロジカル・コミュニケーションは、ロジカル・シンキングとロジカル・ライティングの技術がベースになっています。この技術を使ってメッセージを伝えるとき、私たちビジネス・パーソンは、３つの視点を忘れずに、いつも意識することが大事です。

● 目的志向

　ビジネスのコミュニケーションは、メール、文書、口頭説明などの形式を問わず、仕事を前に進めるために行うものです。この目的を伝え手自身がはっきりさせて相手と共有できなければ、伝えることの成果が出ません。

●スピード志向

ビジネスでは、スピードが求められます。ここで大事なことは、自分の時間だけでなく、相手がメッセージを把握したり、判断したり、行動したりするのに要する時間を短くするための工夫です。

●好感度

ビジネスでは、相手から好感を持ってもらうこと、よい感じの印象を残すことも大切です。

仕事で行うコミュニケーションは、ロジカルでさえあればよい、というわけではないのです。「わかりやすく論理的」に加えて、この3点を意識してください。仕事で有効なロジカル・コミュニケーションとは、「わかりやすく論理的に、しかも速く、感じよくメッセージを伝えて、仕事を前進させる」ことです。この章では、そのためにマスターしたい「基本の型」のチェックポイントを見ていきます。

✉ ビジネスメールは格好の題材

本書で題材にするビジネスメールは、まさにロジカル・コミュニケーションが求められています。しかも、報連相、依頼などを日々行うメールは、ごく身近なものです。自分が書いた顧客宛のメールやこれから書く上司へのメールを思い浮かべながら、自分に引きつけて Lesson を読んで問題に取り組めば、理解をより深めることができるでしょう。

また、メールは分量の点でもコンパクトなので、反復練習に適しています。ロジカル・コミュニケーションは「技術」なので、習得には、練習の繰り返しが必要です。メールの分量なら、短い時間で繰り返し練習しやすいでしょう。そして、やる気になれば、"生きた教材" もふんだんにあります。

このように考えると、ビジネスメールは、ロジカル・コミュニケーションを練習する上で格好のものなのです。

基本の型でメールのやりとりができるようになれば、そのアプローチは報告書、提案書などの文書作成にも応用できます。第2章と第3章で扱う準備と構成の技術は、口頭説明にも共通するものです。基本の型を習慣にするために、メールという身近な題材を大いに活用しましょう。

第1章　ビジネスメールで論理思考を習慣にする！　13

Goal & Check

伝わるメールには「基本の型」がある!

✉ メッセージの流れ

あの人のメールはわかりやすい。内容をすぐ理解できる。仕事が速く進む。そんな"伝わるメール"には大前提があります。それは、「導入部→本論→結び」という流れです。

社内メールでも社外メールでも、報告でも相談でも、ケースを問わずに活用できます。また、メール以外の文書にも活用可能、さらには口頭の説明への応用でも使えます。この流れをまず押さえておきましょう。

✉ 伝わるメッセージにするための5つのチェックポイント

では、「導入部→本論→結び」がどうなっていると、「わかりやすく論理的に、しかも速く、感じよくメッセージが伝わって仕事が進む」のでしょう。その基本の型とは、5つを満たすものです。

導入部	Check 1	テーマは明示されているか?
	Check 2	期待する反応は明示されているか?
本 論	Check 3	グループ化が見ただけでわかるか?
	Check 4	グループごとに要点が書いてあるか?
全 体	Check 5	「具・簡・論・好」の日本語を使っているか?

次節から各チェックポイントを説明した上で、第2章以降ではこの5つを満たすための練習をします。あなたのメールをチェックして、満たしていない点があれば、そこがあなたの練習ポイントです。

また、あなたがチームリーダーなら、部下のみなさんのメールを5つの点に照らしてみてください。助言や指導のポイントがはっきりするでしょう。

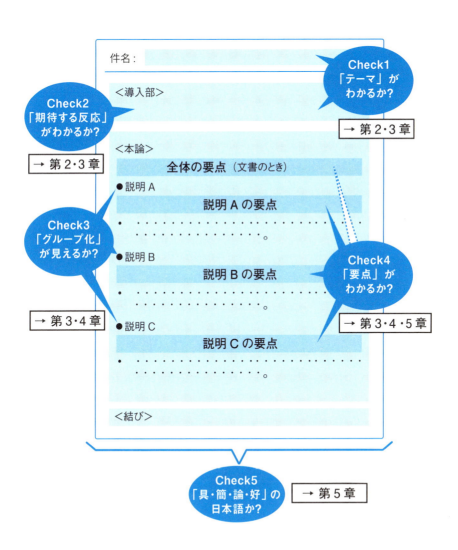

第1章 ビジネスメールで論理思考を習慣にする！

Check

1 テーマがわかるか?

詳しくは▶▶▶ 第2章、第3章

☑ Check 1 の内容

　最初は、「何について」「どのような説明をするのか」という「テーマ」を冒頭（件名、導入部）で説明しているかどうかの確認です。

> ☐ 何について書かれているかわかるか?
> ☐ どのような説明をするのかわかるか?

　「何について」は、例えば、「会議の内容について」「会議の日程について」など、説明の対象です。説明の中身ではありません。「どのような説明をするのか」は、「報告」「連絡」「相談」などの説明の種類です。件名や導入部ですから、詳細な中身ではなく、あくまでも「説明の対象」と「説明の種類」がコンパクトに示されていることを確認しましょう。

○ 件名：プレゼン資料翻訳について報告とお願い

「説明の対象・種類」がわかる

室町部長
先ほどは、A社向けのプレゼン資料のファイルを送付いただき、ありがとうございました。
さっそくですが、資料翻訳の進捗報告とお願い事項をお送りします。ご確認とご対応をお願いします。

× 件名：プレゼン資料の件

「説明の種類」がわからない

室町部長
先ほどは、A社向けのプレゼン資料のファイルを送付いただき、ありがとうございました。

☑ Check 1 の効用

　冒頭にテーマが示されることで、メールの主旨が速く伝わります。これは、読み手がたくさんメールを受け取る立場であれば、特に重要です。
　また、伝え手にとっても、導入部に続く本論の説明がテーマに対してずれにくくなります。言いたいことが多くあるときほど、説明を整理しやすくなります。

☐ **読み手にとっては、速い理解**
☐ **伝え手にとっては、説明の整理のしやすさ**

学習 POINT

☞ テーマを質問形にして具体化する。
　→ 第2章 Lesson 3
☞ 導入部と件名で、テーマを示す。
　→ 第3章 Lesson 1、2

第1章　ビジネスメールで論理思考を習慣にする！　17

Check

2 期待する反応がわかるか？

詳しくは▶▶▶ 第2章、第3章

☑ Check 2の内容

　導入部で「読み手に何をしてほしいのか」という「期待する反応」を示しているかどうかを確認します。テーマとかみ合っていることも確認します。

□ 読み手に何をしてほしいかがわかるか？
□ テーマとかみ合っているか？

　例えば、報告に対して、確認だけしてもらえばいいのか、それとも、相談に対して、意見をメールで教えてほしいのか、あるいは、面談の時間をもらいたいのか——。こうした、読み手に何をしてほしいのかという、メールの直接的な目的が「期待する反応」です。これが、「報告—確認してもらう」「相談—意見をもらう」のように、Check 1で確認したテーマとかみ合うことも確認しましょう。

件名：プレゼン資料翻訳について報告とお願い

室町部長
先ほどは、A社向けのプレゼン資料のファイルを送付いただき、ありがとうございました。
さっそくですが、資料翻訳の進捗報告とお願い事項をお送りします。ご確認とご対応をお願いします。

> 確認と行動が必要だとわかる

件名：プレゼン資料の件

室町部長
先ほどは、A社向けのプレゼン資料のファイルを送付いただき、ありがとうございました。

> 何をすればいいのかがわからない

☑ Check 2 の効用

　メールの目的が速く確実に伝わり、目的を達成しやすくなります。期待する反応の明示は、多くのメールを受け取っている相手なら不可欠なことです。また、伝え手自身も、目的を十分確認することになるので「伝えるべきこと」を整理しやすくなります。

- ☐ **読み手にとっては、速い理解**
- ☐ **伝え手にとっては、目的達成の確度アップ**
- ☐ **伝え手にとっては、説明の整理のしやすさ**

学習 POINT

☞ 期待する反応をタイプ分けして本論を構成する際の留意点を確認する。
　→ 第 2 章　Lesson 4
☞ 導入部で期待する反応を明示する。
　→ 第 3 章　Lesson 1、2

Check

3 グループ化が見ただけでわかるか？

詳しくは ▶▶▶ 第3章、第4章

☑ Check 3 の内容

　導入部に続き、本論をいくつのグループに分けて説明しているかが、「見ただけでわかる」かどうかを確認します。

☐ 説明のグループ化が見ただけでわかるか？
☐ グループが目立つように、記号や見出しを付けているか？

　羅列された説明や目を凝らして読まなければならない説明は、受け手の読む気を削いでしまいます。話なら、メリハリなく続く説明のようなものです。
　説明が重なりも大きな漏れもなくグループ化されていること、そのグループが相手にも「見える」ように表現されていることが重要です。ビジネスのメールは、改行や1行空けのみでは不十分です。

○ ● 進捗報告

・・

・・。

● 納品後、クイック・チェックのお願い

・・

・・。

> **2つの グループが 「見える」**

> **羅列に なっている**

× 本件の翻訳ですが、翻訳エージェントに確認したところ、本日午前中に依頼すれば、7日（火）17時に翻訳ファイルが本郷に納品されるとのことでした。 ………今朝の打ち合わせどおり、8日（水）のA社へのプレゼンで当資料を使うことが可能です。

☑ Check 3 の効用

　グループ化を見えるようにすることで、読み手は説明の全体観や構成をパッと見て把握できます。中身が速く伝われば、目的を達成しやすくなります。

　また、伝え手にとっては、グループ化とその表現をセットで行うことで、思考の整理の定着につながります。

☐ **読み手にとっては、速い理解**
☐ **伝え手にとっては、目的達成の確度アップ**
☐ **伝え手にとっては、思考整理の基本動作の習慣化**

学習 POINT

☞ グループ化のための「ものさし」として MECE を活用する。

　　→ 第3章　Lesson 3、5

☞ グループを視覚的に表すための表現テクニックを持つ。

　　→ 第4章　Lesson 3、4

Check

4 グループごとに要点がわかるか？

詳しくは ▶▶▶ 第3章、第4章、第5章

☑ Check 4 の内容

　1つのグループの説明が、2〜3行ですぐに読めるなら、この Check 4 は割愛できます。しかし、数行にわたるときは、So What?（結局、何なのか？）という要点がグループの先頭で示されていることを確認します。

> □ グループの先頭で So What? が示されているか？
> □ 具体的にわかるか？
> □ すぐに読めるように2〜3行以内に収まっているか？

　グループが複数あるときほど、各グループの要点が、読みやすい長さで、具体的に示されることが重要です。なお、構成が複雑な文書では、各グループの要点からさらに So What? で導いた、全体の要点があるか確認しましょう。

○

● 進捗報告

当資料の翻訳版を8日（水）のプレゼンで使うことができます。
……………………………………………。

● 納品後、クイック・チェックのお願い

7日（火）17時をめどに、翻訳チェックの時間をとっていただきたく、
お願いします。
……………………………………………。
……………………………………………。

> 各グループの
> 先頭に要点が
> ある

> すべて
> 読まなければ
> わからない

×

● 進捗報告

本件の翻訳ですが、翻訳エージェントに確認したところ、本日午前中
に依頼すれば、7日（火）17時に、翻訳ファイルが………………
……………………………………。

● 納品後、クイック・チェックのお願い

納品後直ちに、翻訳ファイルをメールでお送りさせていただきますの
で、修正がありましたら、………………………………。

☑ Check 4 の効用

　グループの先頭部分だけを飛ばし読みしてもらえば、メッセージの要点が
端的に伝わります。このため、目的も達成しやすくなります。また、伝え手
にとっては、So What? をことばに置き換える訓練につながります。その場
で So What? を示す必要がある口頭説明の基礎訓練にもなります。

□ **読み手にとっては、速い理解と納得感の両立**
□ **伝え手にとっては、目的達成の確度アップ**
□ **伝え手にとっては、思考の言語化の訓練とスキルアップ**

学習 POINT

☞ 構造ボックスを活用して、質問への結論を導く。

　→ 第3章 Lesson 3、4、第4章 Lesson 1、2

☞ 結論の中身が、読み手にも具体的に、正確に伝わるように表す。

　→ 第3章 Lesson 6、第5章 Lesson 2 ～ 4

全体像
準備
構成
視覚化
表現

Check

5 「具・簡・論・好」の日本語を使っているか？

詳しくは ▶▶▶ 第5章

☑ Check 5の内容

　最後に、内容がしっかり伝わり、かつ読みやすい日本語表現になっているかどうかの確認です。加えて、読み手から見て好ましいことばの使い方になっているかどうかを確認します。

> ☐ 具体性：内容が相手にも明快に伝わるか？
> ☐ 簡潔さ：立ち止まらずにサクサクと読めるか？
> ☐ 論理性：記述間の関係性を正確に表しているか？
> ☐ 好感度：違和感なく、好感の持てることば遣いか？

　「具体性」「簡潔さ」「論理性」「好感度」の4要件を満たすように日本語を使うことが重要です。略して「具・簡・論・好」。急いでメールを送る場合も、「少なくともこれを確認する」という着眼点を持つことが重要です。
　好感度の高い表現かどうかも忘れずに確認します。

「具・簡・論・好」のクイック診断　当てはまるようなら要注意!

| □ 「以下のとおり」「次のとおり」をよく使う | ➡ | 具体性は大丈夫? |

| □ 1文の文字数に目安がない | ➡ | 簡潔さは大丈夫? |

| □ 「、」の前後に無頓着 | ➡ | 論理性は大丈夫? |

| □ 「～させていただく」をよく使う | ➡ | 好感度は大丈夫? |

全体像 / 準備 / 構成 / 視覚化 / 表現

☑ Check 5の効用

　具・簡・論・好を整えることで、メッセージが速く、正確に、納得感を持って伝わります。同時に、読み手に好印象を与えることができます。表現を整える際の着眼点と、自分のことばの使い方のくせを明確にすることで、チェックは効率化します。

□ 読み手にとっては、読みやすさと納得感
□ 伝え手にとっては、ビジネスの相手に好印象を残す
□ 伝え手にとっては、効率的なチェック

学習 POINT

☞ 具・簡・論・好を満たすための着眼点を習得する。

　→ 第5章　Lesson 1

☞ よく使われるが、留意すべき表現・避けたほうがよい表現を理解する。

　→ 第5章　Lesson 2～5

第1章　ビジネスメールで論理思考を習慣にする!　25

Goal

「基本の型」は
練習で身につく！

☑ 残念メールが、伝わるメールに変わる！

　この本のゴールは、メッセージが速く、正確に、しかも好ましさを持って伝わる「基本の型」を、ロジカル・シンキングとライティングの技術を使って作ることができるようになることです。例えば、メッセージが伝わりにくい残念なメールを見たら、その問題点を指摘でき、それを適切に書き替えられるようになることです。

　Check 1〜4の説明で取り上げた2つのメールを見比べてください。残念メールのほうはすべてを読まなければ内容をつかめません。改訂メールは冒頭と飛ばし読みで要点を把握できます。

　改訂メールは、単に箇条書きにしたのではなく、これまで見てきたCheck 1〜5のポイントを満たす「基本の型」になっています。

残念メール

件名：プレゼン資料の件

室町部長

　　ほどは、A社向けのプレゼン資料のファイルを送付い
　　りがとうございました。

本件の翻訳ですが、翻訳エージェントに確認したところ
前中に依頼すれば、7日（火）17時に翻訳ファイルが
品されるとのことでした。本日10時に翻訳を依頼しま
7日に出来上がり次第、部長に翻訳ファイルをおとりさせてい
ただきますので、チェックしていただくことができます。ついては、
今朝の打ち合わせどおり、8日（水）のA社へのプレゼンに
　を使うことが可能です。以上、ご報告させていただき

> Check 1
> テーマが
> わからない

> Check 2
> 何をすればいい
> のかわからない

> Check 4
> 要点が埋まっ
> ている

> Check 3
> いくつの事柄を
> 伝えているかわ
> からない

> Check 5
> 「〜いただく」
> が続く日本語
> 表現

☑ チェックリストを活用しよう！

Check 1 〜 5 のリストを使えば、仕事のメールを効率よく伝わる「基本の型」にすることができます。もちろん、報告書や提案書などにも活用できます。

- ☐ 自分が書いたメールをセルフチェックする
- ☐ 部下が書いたメールをチェックする、指導する

次章からは、Check 1 〜 5 を満たすために必要な技術を、メールを題材にして練習します。頭と手を動かして、「基本の型」を身につけましょう。そして、すべての問題を解き終わったら、この第 1 章をもう一度読み直してみてください。理解度が深まったことを実感できるでしょう。

改訂メール

件名： プレゼン資料翻訳について報告とお願い

Check 1 テーマがわかる

Check 2 期待する反応がわかる

◯◯部長

先ほどは、A社向けのプレゼン資料のファイルを送付いただき、ありがとうございました。

さっそくですが、資料翻訳の進捗報告とお願い事項をお送りします。ご確認とご対応をお願いします。

● 進捗報告
　資料の翻訳版を8日(水)のプレゼンで使うことができます。
　本日10時に、原稿を翻訳エージェントに渡し済みです。
　7日(火)17時に、翻訳版が本郷宛に届きます。

Check 3 グループが2つある

Check 4 グループごとの要点がわかる

● 納品後、クイック・チェックのお願い
　7日(火)17時をめどに、翻訳チェックの時間をとっていたく、お願いします。

　・納品後直ちに、翻訳ファイルをメールでお送りします。
　・修正がありましたら、8日(水)9時までにご指示ください。
　・それを反映させて、プレゼン用の配布分を用意します。

お手数をおかけしますが、よろしくお願いいたします。

Check 5 日本語が具・簡・論・好を満たしている

第 2 章【準備】

伝わるものは書く「前」に決まる!

相手に「動いてもらう」ための重要な準備

Lesson

1

「伝えた後」を考える

強化ポイント▶**目的志向になる**

✉ 伝わる人は目的志向、伝わらない人は伝達志向

　グループ内での連絡、関連部署への相談、上司への報告、取引先への依頼など、毎日のビジネス・コミュニケーションにメールは欠かせません。便利なツールですが、1回で正しく伝わらないと無駄な時間を増やしてしまう要因になります。

　速く確実に伝わるメールを書くために何よりも重要なのは、「目的志向」です。それは、「伝えた後のことを考えて書く」ということです。相手起点で「読み手に何をしてほしいのか」と目的を考える。その目的を相手にも納得してもらえるように工夫していく意識といえるでしょう。

　一方、読み手にどうしてほしいかを考えず、ただ自分が伝えたいことだけを書き連ねて送ってしまう──。こうした「伝えることが目的」になっているのは、いわば「伝達志向」です。

　この志向の違いはメールの件名に現れるようです。このような件名のメールをもらったことがありませんか？

> 件名：営業部の鈴木です
> 件名：合同ミーティングについて

　一見すると何の問題もないようですが、考えてみてください。あなたがこうした件名のメールを受信ボックスに発見したとして、件名からメールの主旨をつかめますか？

　営業部の鈴木さんはなぜメールしてきたのでしょう？　合同ミーティングがどうしたのでしょう？　どちらも件名だけでは「何のため」のメールなのかがわかりません。

　なぜなら、これらは「営業部の鈴木が送っています」「合同ミーティングに

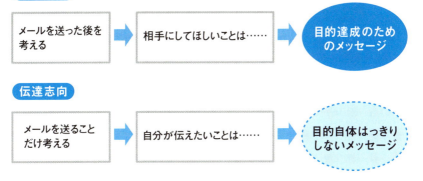

ついて送っています」といった、送り手目線の「伝達志向」の件名だからです。

✉「伝わる」とはどういうことか？

では、次のような件名ならどうでしょう？

> 件名：営業部の鈴木より、企画案提出の<u>お願い</u>
> 件名：合同ミーティングの日時変更の<u>ご相談</u>

　これなら読み手は、受信ボックスの件名を読むだけで、「自分は依頼や相談をもちかけられ、対応を求められている」という送り手の「目的」をつかむことができるでしょう。
　相手に何をしてほしいかを意識して、送り手がしっかりと目的志向になっていれば、件名の書き方もこのように変わってくるということです。
　そもそも「伝わる」とはどういうことでしょう。仕事においては「相手にコミュニケーションの目的とメッセージの中身を正しく理解してもらい、目的が達成される方向に事が進むこと」だと、私は考えています。
　メールもビジネス文書も、ただ送るだけの伝達志向ではなく、コミュニケーションの相手の人に目的が「理解されて仕事が進む」ことを見据えた目的志向で作成したいものです。

Lesson

2 相手の時間を犠牲にしない

強化ポイント▶正しいスピード志向になる

✉ あなたは、どの順番でメールを読みますか？

　もし受信ボックスに30件の未読メールがたまっていたら、あなたはどの順番に読みますか？　「営業部の鈴木です」「合同ミーティングについて」のような伝達志向の件名ばかりが並んでいたら、順番にいちいち開封して主旨を確認しなければなりません。

　しかし、「営業部の鈴木より、企画案提出のお願い」「合同ミーティングの日時変更のご相談」のような件名ならどうでしょうか。読み手は、「すぐに読むべきか」「後回しにしてもいいか」といったメールに対応する優先順位を付けやすくなります。

　そうなればまず、読み手にとって、時間のロスも軽減して作業効率もアップします。また、伝え手にとっても、自分のメールに想定した時間内で対応してもらうことができれば、仕事はスムーズです。

　メールはビジネスに不可欠なツールですが、一方で1日の仕事の中でメール処理に多くの時間が取られて困っているケースも散見されます。そこに、多くのビジネスメールが伝達志向で書かれていることの影響はないでしょうか。

　件名を「目的志向」に変えるだけでも、読み手と伝え手双方の時間のロスを減らすことができるのです。

✉ スピード志向は「相手の時間」も考える

　仕事では時間短縮や仕事効率アップといった「時間の重視」「スピード感」が大事だということに異論はありません。ただここで考えたいのは「誰の時間」を重視したスピード感なのかです。

　仕事ができる人、生産性の高い人は、常に、自分だけではなく「相手の時間」も意識しています。

　どうすれば相手に速く正確に理解してもらえるか。どうすれば相手に速くスムーズに決断してもらえるか。どうすれば無駄な時間を費やさずにアクションを起こしてもらえるか。そのためには伝え手の自分はどんな工夫をすればいいか――。言い換えれば、「いかに相手に時間のロスをさせないか」という視点も含めた時間とスピードを重視しているのです。

　ところが、なかなか仕事が進まない人は「自分の時間」だけを意識しがちです。「少しでも早く目の前の事案から手を放して、次の仕事に取りかかりたい」というように。

　仕事の時間は、自分の時間と相手の時間の合計です。自分がスピードアップしたいがために相手に時間をロスさせてしまっては、結果としてその仕事は速く進みません。

　伝えるのではなく、伝わることを意識する。さらに、速く伝わることを意識する。ビジネスメールに限らず、仕事のコミュニケーションでは、先に述べた「目的志向」と、相手の時間も視野に入れた「正しいスピード志向」が重要なのです。

　もちろん、個人レベルに限った話ではありません。チームや組織でも同じことです。もしあなたがリーダーなら、チームのメンバー全員に目的志向とスピード志向の意識を徹底することは、チームの仕事の生産性アップの土台となるでしょう。

Lesson

3 何について書くかを はっきりさせる

強化ポイント▶「テーマ」を具体的にする

✉ テーマとは？

目的志向とスピード志向の重要性を理解した上で、ここから具体的に「書く前の準備」を進めましょう。まず、「何について書くか（＝テーマ）」を明確にすることです。

メールのテーマとは次の2点のことです。

・何について書くか
・どのような説明をするか
　──報告・連絡・相談・提案・依頼・質問・回答など

例えば、巻頭サンプルメールのケースでは、テーマを、本郷さんから室町部長に「プレゼン資料について」「報告する」と設定できます。

✉ テーマを質問の形にする

さらに、このテーマを質問の形にしてみます。読み手に対してどのような「質問」に答えればよいか、と考えてみてください。

サンプルメールの場合、本郷さんが室町部長に「プレゼン資料について報告します」と言ったら、室町部長は「で、その資料は8日のプレゼンで使えるのか？」と尋ねるでしょう。これが、テーマを質問の形にしたものです。

本郷さんの報告のテーマは、この質問に答えることです。端的に言えば、「8日に使える」です。

このように質問の形にすると、説明の So What?（結局、何なのか？）を導きやすくなります。

✉ 質問の数だけ「答え」を用意する

質問は1つとは限りません。サンプルメールは、テーマを報告と同時に依頼もすると設定することもできます。改訂例はそうなっています。

その場合も、テーマを質問の形にしてみると、伝えるべき So What? がはっきりしてきます。

> 資料は8日のプレゼンで使えるか？ → 資料は8日に使える
> 部長にお願いしたい点は何か？ → 翻訳版をチェックしてほしい

何を書いたらいいのか、伝えることがたくさんあってまとまらないようなときほど、まずテーマを確認して、それを質問の形に変えてみましょう。

この段階で答えに確信が持てなくても、質問がはっきりしていれば答えは整理・構成しやすくなります。それについては第3章で解説、練習します。

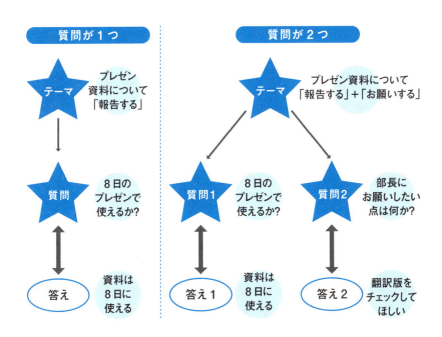

第2章 伝わるものは書く「前」に決まる！

Lesson

4 相手にしてもらいたいことをはっきりさせる

強化ポイント▶「期待する反応」を明確にする

✉ メールを読んで何をしてもらいたいか

　書く前の準備として、「何について書くか」というテーマとともに、もう1つ確認したいことがあります。それは、このメールを読んだ相手に何をしてもらいたいか、という相手に期待する反応です。

　メールを読んで、「それで、私は何をすればいいの？」「これについて何かしなければいけないの？」と悩むことはありませんか。

　例えば、サンプルメールの残念メールを読んでみましょう。

> 本件の翻訳ですが、翻訳エージェントに確認したところ、本日午前中に依頼すれば、7日（火）17時に翻訳ファイルが本郷に納品されるとのことでした。本日10時に翻訳を依頼しましたので、7日に出来上がり次第、部長に翻訳ファイルをお送りさせていただきますので、チェックしていただくことができます。ついては、今朝の打ち合わせどおり、8日（水）のA社へのプレゼンで当資料を使うことが可能です。以上、ご報告させていただきます。

　送り手の本郷さんは、読み手の室町部長に「納品後、翻訳ファイルをチェックしてほしい」と、対応を期待しているようです。しかし、それは明記はされていません。いつまでにチェックしてほしいかも書かれていません。

　これでは室町部長から、「翻訳ファイルは私がチェックすべきなのか？」「だとしたら、いつまでに？」と質問が来るでしょう。

　質問が来ればよいのですが、疑問に思ったままで放置されてしまい、結局、仕事が進まないということもあり得るでしょう。

　このように伝えたいことを書くだけの「伝達志向」のメールでは、目的が達成できません。また、読み手が何をどうすればいいか悩んだり、再確認の

やりとりで二度手間になったり、お互いに時間をロスすることになります。

✉ 確認、判断、行動——どれを引き出したいか

目的志向とスピード志向で仕事を速く進めるために、メールを書く前に、相手に何をしてほしいのかを確認することを習慣にしましょう。
「相手に期待する反応」を大別すると次の3つです。

> ・確認してほしい：内容を理解、確認だけしてもらえればよい。
> ・判断してほしい：内容について承認や意見、アドバイスなど何らかのフィードバックをしてほしい。
> ・行動してほしい：何らかのアクションをとってほしい。

相手に何を期待するかによって、メールを構成する際の留意点を確認できるのです。例えば、確認だけしてほしいなら、理解しやすい簡明な構成にすることが重要です。判断してほしいなら、相手が判断しやすいように、伝え手は結論だけでなく、理由も示す必要がありますし、「いつまでに」という情報も不可欠です。行動してほしい場合は、理由とともに、必要であれば方法論も明示しなくてはなりません。

メールに限らず文書でも、口頭の説明でも、相手に「メッセージを受け取った後でしてほしいこと」は、この3つのどれなのかを確認しましょう。

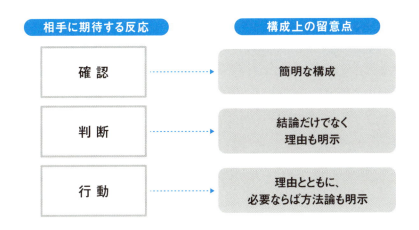

第2章　伝わるものは書く「前」に決まる！　37

Lesson

会議もメールも同じこと

強化ポイント▶テーマと期待する反応の確認を習慣にする

✉ 伝わるメールは「準備」が肝心

書く前の準備不足が原因の「伝わらないメール」には、典型的な3つのパターンがあります。

- 目的がつかめない
- 情報が羅列されている
- 必要な情報がない

1つめは、テーマと期待する反応をはっきりさせないまま書いてしまったために、読み手にも説明できていないというパターンです。それでは読み手がこれは何のために送られてきたのかを把握できません。「目的がつかめない」メールになってしまうのです。

2つめは、テーマを質問の形にして具体的に確認しなかったために、情報が未整理で羅列されているものです。読み手はいちばん重要な、So What ?（結局、何なのか）をすぐにつかめません。

3つめは、相手に期待する反応を確認していないために、特に、判断、行動をしてもらうために「必要な情報」を書き落としてしまうパターンです。読み手は「何を、いつまでに、どうすればいいの？」と、わざわざ送り手に再確認しなければなりません。

伝わらないメールは、準備不足が原因であることが多いのです。準備をしっかり行えば、伝わるメールになる可能性が高まるということです。

✉ 準備の習慣でメールが変わる

準備の習慣の大切さは、会議やミーティングを行うときのことを考えていただくとわかりやすいでしょう。

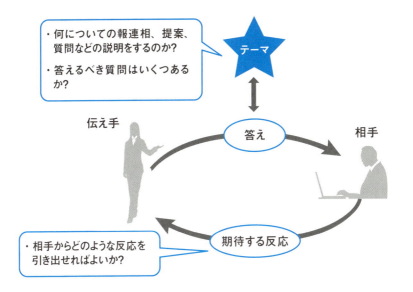

　あなたが会議を招集する場合、何の準備もしないことなどないはずです。限られた時間で効率よく会議を進めるために、事前に「今回の議題は、いくつ、何があるか」「何を共有して、最終的に何を決めればいいのか」「討議のポイントや留意点は何か」などを準備した上で招集するでしょう。何の準備もなしでは、出席者も自分も無駄な時間を過ごすことになります。

　ビジネスメールも同じことです。読み手も自分も時間をロスすることなく、読み手に期待する反応をとってもらうためには、書く前の準備が不可欠です。

・テーマは何か？
・期待する反応は何か？

　書き始める前にこの２点を確認する。それを習慣にすれば、あなたのメッセージは「目的志向」と「正しいスピード志向」の"伝わるもの"に変わるはずです。

　準備は即効性があります。ぜひ、実践しましょう。

第２章　伝わるものは書く「前」に決まる！　39

例題 2-1 【準備】業務改善プロジェクト

件名：業務改善プロジェクトについて

佐和マネージャー

出張、お疲れさまです。

業務改善プロジェクトの開始時期の件ですが、本日、室町部長とプロジェクト事務局とで検討しました。

検討の結果、プロジェクトのスタート時期は、上期決算後の10月のほうが、関連部署へのヒアリングに協力を得やすく、活動を進めやすいだろう、ということになりました。また、営業本部と生産本部で、プロジェクト参加メンバーの選定に時間を要しており、10月開始のほうが無理がない、ということになりました。

そこで、プロジェクトは、開始時期を前倒しせずに、当初の予定どおり10月に開始しよう、ということになりました。

以上です。

川角

【設問】

このメールは、プロジェクト事務局の川角さんが、佐和マネージャー宛に送ったものです。このメールを読んで、次の3つの問いに答えてください。

問い1 ▶ このメールの「テーマ」は何だろうか？

ヒント プロジェクトの開始について、報連相・お願い・提案・質問・回答のどれを行うものかを考えてみよう。

問い2 ▶ 「テーマ」を質問の形にすると、どうなるだろうか？

ヒント 佐和マネージャーに対して、どのような質問に答えればいいかを考えてみよう。

問い3 ▶ 「期待する反応」は何だろうか？

ヒント 佐和マネージャーに、メールを読んだ後、どうしてほしいかを考えてみよう。

40

【解説】

　問題の解説をする前に質問です。受信ボックスに、次のような件名のメールが入っていたら、あなたはその場で、送り手の目的をつかめますか？

> 件名：業務改善プロジェクトについて　　差出人：川角さとこ

　川角さんが、業務改善プロジェクトについて書いていることはわかりますが、それ以上のことはわかりません。メール本文も、受け手が何をすればいいのかわかりにくいですよね。

　川角さんが「テーマ」と「期待する反応」を準備していれば、少なくとも、件名でテーマを示すことができました。またメールの中身も変わっていたはずです。残念ながらこのメールは準備不足です。

　この例題では「テーマ」と「期待する反応」という2つの準備を考えていきます。

✉ 佐和マネージャー宛に、何について書くのか？

　では、問い1を解いてみましょう。冒頭を見れば、川角さんが業務改善プロジェクトの開始時期について説明しようとしていることはわかります。説明の種類には、報告、連絡、相談、提案、依頼、質問、回答などがありますが、このメールはどれにあたるでしょうか？

　室町部長とプロジェクト事務局との検討内容を述べた上で、最後に「当初の予定どおり10月に開始しよう、ということになりました」とあります。

　ここから、はっきり書かれてはいないものの、テーマは、佐和マネージャーに、「業務改善プロジェクトの開始時期を報告する」ことと察することができます。このように、テーマを確認すれば、件名は「業務改善プロジェクトの開始時期の報告」とできます。

　次に、問い2を解いてみましょう。報告のポイント、So What?（結局、何なのか）をはっきりさせるために、テーマを質問の形にします。相手がテーマを見たとき、どのような質問をしてくるだろうかと考えてみます。

　川角さんが「検討した業務改善プロジェクトの開始時期について報告します」と伝えたら、佐和マネージャーは「で、開始時期はどうなった？」と聞

第2章　伝わるものは書く「前」に決まる！　41

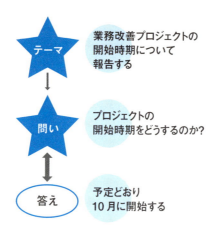

いてくるでしょう。この質問に答えることが報告のテーマです。

このようにテーマを質問の形にすると、答えの So What?、報告の要点は「予定どおり10月に開始する」であることがはっきりします。これを、メールの前段で言えば、端的な報告になることを、川角さんも念頭に置くことができたでしょう。

✉ 佐和マネージャーに何をしてもらいたいのか？

問い3は、もう1つの準備である「期待する反応」を求める問題です。仕事のメールでは、読み手に「読んだ後で何をしてほしいか」という期待する反応の記述が不可欠です。

このメールの期待する反応は、「確認してほしい」「判断してほしい」「行動してほしい」の3つのどれかと考えてみましょう。

本文を最後まで読んでも、明示はされていません。そのため、察するしかありませんが、討議内容を「〜ということになりました」と並べていますので、どうやら佐和マネージャーに「確認してほしい」ようです。

✉ 目的の把握を相手に委ねない

このメールの問題は、テーマも期待する反応も、「何となくそう読める」としか伝わってこない点です。

「報告」「確認」というキーワードが不在です。「何の用件か」「どうしてほし

いのか」の理解を、読み手に委ねています。すぐに、はっきりと「目的がつかめない」状態になっています。

　このメールのように内容がシンプルで長さも短いと、読み手も何とか目的を察してくれるかもしれません。

　しかし、内容が複雑で長めのメールや、確認以上の期待する反応を求めるのなら、目的の把握を相手に委ねることは、伝わる歩留まりを低くします。「テーマ」と「期待する反応」を確認すること、確認したら相手に説明することを習慣にしましょう。

【解答例】
問い１　業務改善プロジェクトの開始時期についての報告。
問い２　業務改善プロジェクトの開始時期をどうするのか？
問い３　佐和マネージャーに確認してほしい。

例題 2-2【準備】新ボイスメール

件名：新ボイスメールに関する問い合わせの件

部課長各位

今回のボイスメール・システム刷新にあたっては、部内説明会の実施をはじめ、ご配慮いただき、ありがとうございました。

さて、当部では、「新ボイスメール FAQ 集」を作成し、先週イントラネット上に掲示いたしました。

FAQ 集は導入に先立って行った研修でみなさんから実際に受けた質問と答えをまとめたものです。

しかし、新システムの操作方法やマニュアルについて社内各部署から当部に多くの電話問い合わせが来て、接続に時間がかかってしまい、みなさんをお待たせすることになっています。その中には、FAQ 集に網羅されているものが少なくありません。

また、多くの電話に対応するため、当部では個々の質問に十分な時間をとりにくくなっているのが実情です。FAQ 集の活用によって電話が絞り込まれると、個々の問い合わせにより質の高いサポートをご提供できます。

そこで、FAQ 集を活用してくださいますよう、ご協力をお願いいたします。

ボイスメール担当　広尾 久

（注）FAQ とは、Frequently asked questions の略。よくある質問と答え。

【設問】

これは、システムサポートを行う部門の広尾さんが作成した社内メールです。このメールを読んで、次の 3 つの問いに答えてください。

問い1 ▶ このメールの「テーマ」は何だろうか？

> ヒント　ボイスメール・システム刷新にあたって、報連相・お願い・提案・質問・回答のどれを行うものかを考えてみよう。

問い2 ▶ 「テーマ」を質問の形にすると、どうなるだろうか？

> ヒント　各部課長に対して、どのような質問に答えればいいかを考えてみよう。

問い3 ▶ 「期待する反応」は何だろうか？

> ヒント　各部課長に、メールを読んだ後、どうしてほしいかを考えてみよう。

【解説】

　ボイスメールは、声のメッセージを、電子メールのように時間・場所にとらわれずに送受信することができるシステムです。このメールの送り手の広尾さんは、このシステム管理の担当者、読み手は社内でボイスメールを使っている部門の部課長さんです。

✉ 広尾さんは何について書くのか？

　では、問い1を解いてみましょう。メールの「テーマ」は何でしょうか。最初にチェックするのは、メールの件名です。

> **件名：新ボイスメールに関する問い合わせの件**

　例題2-1と同じく、この件名も報告、連絡、相談、提案、依頼、質問、回答などが書かれていません。

　最後の1行に「FAQ集を活用してくださいますよう、ご協力をお願いいたします」と、「お願い」というキーワードが出てきます。メールのテーマは、「ボイスメールのFAQ集の活用についてお願いする」ということになりますね。

　件名を次のようにしたらどうでしょうか？

> **件名：新ボイスメールの FAQ 集活用のお願い**

　これなら、受信ボックスを見た段階で、各部課長は依頼のメールが来たと把握できるでしょう。

　では、次に問い2です。「お願い」のポイント、So What?（結局、何なのか）をはっきりさせるために、テーマを質問の形に変えてみましょう。相手がテーマを見たときに、どんな質問をするかを考えてください。

「FAQ集の活用をお願いします」と伝えたとき、部課長さんは、FAQ集を使うことに異存はないでしょう。ただし、「活用するのはいいが、広尾君の依頼のポイントは？」「具体的にはどういうことなのか？」と考えるのではないでしょうか。そこで、次の質問が考えられます。

第2章　伝わるものは書く「前」に決まる！　45

> 質問：ボイスメールの利用者に何をしてほしいのか？

　この質問への答えの So What?、依頼の要点が端的に伝わるように、メールを構成して表現することが重要です。質問を念頭に考えていくと、答えの So What? を抽出することができます。

> 答え：電話で問い合わせる前に、FAQ 集を読んでほしい

　スピード志向で伝えるためには、この答えを相手が「考える」のではなく、「見てわかる」ようにすることが重要です。そのために、伝え手としては、答えるべき質問をはっきりさせて、そこから視線を逸らさないようにしましょう。質問を見失うと、このメールのように、並べた情報の中に答えの肝心な点が埋もれてしまいます。

✉ 部課長に何をしてほしいのか？

　では次に、問い３の解説です。広尾さんが各部課長に何をしてほしいのかという「期待する反応」を考えてください。「確認してほしい」「判断してほしい」「行動してほしい」の３つのどれに該当するかを考えましょう。

　最後の１行に、「FAQ 集を活用してくださいますよう、ご協力をお願いいたします」とありますから、広尾さんは各部課長に、協力するという「行動をしてほしい」ことがわかります。

　その行動の中身について、もう一歩踏み込んで考えてみましょう。広尾さんは、「部課長さんに FAQ 集を活用してもらいたい」のでしょうか？　あるいは、各部課長に「部下に対して、FAQ 集を活用するように指導してほしい」のでしょうか？

　広尾さんが後者を期待しているのなら、「部下のみなさんに対して、FAQ 集の活用を促進してほしい」というところまで、具体的にしてみましょう。

✉ テーマと期待する反応から視線を逸らさない

　このメールは、「テーマ」と「期待する反応」は書いてはあります。しか

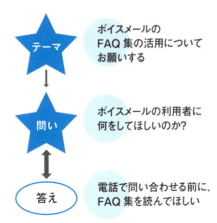

し、それがわかるのはメールの最後であり、そこに至るまで情報が羅列されています。これが第1の問題点です。何についての依頼か、何をしてほしいかを、メールの冒頭に出しましょう。

また、期待する反応の中身があいまいという問題点もあります。期待する反応が「行動」のときには、「誰が誰に対して何をするのか」をはっきりさせておきましょう。

メールを送る目的は、読み手に期待する反応をとってもらうことです。そのためには、伝え手がテーマと期待する反応から視線を逸らさずに、メール全体の説明を進めることが必要です。

【解答例】
問い1　ボイスメールのFAQ集の活用についてのお願い。
問い2　FAQ集をどう活用してほしいのか？
問い3　各部課長に行動してほしい。部下にFAQ集を読むように指導してほしい。

第2章　伝わるものは書く「前」に決まる！　47

例題 2-3【準備】シラバス作成

> 件名：アルファカレッジのシラバスの件
>
> ───────────────────────────────
>
> 山浦マネージャー
> お疲れ様です。
> さっそくですが、アルファカレッジのシラバス作成時期となりました。
> ついてはアルファカレッジの来年度のシラバス書式の案を検討しました。
> 添付のファイルの案のように改訂したいと考えます。
> 早々に、講師陣にシラバス作成を依頼したいと考えます。
> よろしくお願いいたします。
> 和田

【設問】

このメールは、社内公募型の研修「アルファカレッジ」担当者の和田さんが、上司の山浦マネージャーに書いたものです。このメールを読んで、次の３つの問いに答えてください。

背景：「アルファカレッジ」では、イントラネットで各講座のシラバスを公開して、受講希望者を募集しています。現状のシラバスには、研修アンケートで「研修内容をつかみにくい」との声が寄せられています。

問い1 ▶ **このメールの「テーマ」は何だろうか？**

　　ヒント シラバス作成について、報連相・お願い・提案・質問・回答のどれを行うものかを考えてみよう。

問い2 ▶ **「テーマ」を質問の形にすると、どうなるだろうか？**

　　ヒント 山浦マネージャーに対して、どのような質問に答えればいいか考えてみよう。

問い3 ▶ **「期待する反応」は何だろうか？**

　　ヒント 山浦マネージャーに、メールを読んだ後、どうしてほしいかを考えてみよう。

【解説】

和田さんは担当者として「講座を紹介するシラバス書式を改訂したほうがいい」と考え、作成した改訂案をメールに添付しています。短いメールですが、準備不足が見受けられます。

✉ 山浦マネージャー宛に、何について書くのか？

では、問い1の「テーマ」は何かを考えていきましょう。何について、報連相、提案、依頼、質問、回答などをするのでしょうか？

このメールの件名にも「アルファカレッジのシラバスの件」としか書いてありませんので、件名からテーマはわかりません。

メールの本文を読むと、「来年度のシラバス書式の案を検討しました」「添付のファイルの案のように改訂したい」とあるので、和田さんは、自分の改訂案を「提案」したいと考えているようです。テーマは、「シラバス書式の改訂の提案」です。これが件名になれば、受信ボックスを見た段階で、山浦マネージャーは、「チェックと返事が必要だ」と想定できます。

次に問い2です。「提案」のポイントをはっきりさせるために、テーマを質問の形に変えてみましょう。山浦マネージャーに「シラバス書式の改訂を提案します」と伝えたら、「で、どう改訂する？」という質問が出てくるのではないでしょうか。

あるいは、山浦マネージャーが背景重視のタイプなら、「なぜ改訂するのか？」「どのように改訂するのか？」という2つの質問に答えたほうがよいこともあるでしょう。

いずれにしても、メールには、質問への答えがほしいところですが、それは不明です。「添付のファイルの案のように改訂する」とあるのみなので、「答え」は添付ファイルや和田さんの頭の中にあります。対応に時間がかかりそうなメールになっています。

第2章　伝わるものは書く「前」に決まる！　49

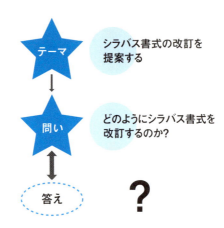

📩 山浦マネージャーに何をしてほしいのか？

次の問い3で考えるのは「期待する反応」です。「確認してほしい」「判断してほしい」「行動してほしい」の3つのうちどれに該当するのかを考えてみましょう。

「早々に、講師陣にシラバス作成を依頼したいと考えます」とあります。ここから、和田さんは「自分の提案を承認してほしい」のだろうと察します。

ただし、それはこのメール上には明示されていません。最後の行の「よろしくお願いいたします」は、「判断のフィードバックをよろしくお願いします」ということだろうと、読み手が想定するわけです。

📩 期待する反応を確認すると、必要な情報を提示できる

このメールは、「提案」というテーマ、「判断してほしい」という期待する反応が示されていません。

書く前の準備で、期待する反応を十分に確認しておかないと、読み手に速く正確に仕事を進めてもらうために必要な情報にも気づけません。

例えば、シラバス書式の改訂案を承認してもらいたいなら、少なくとも、「〇〇に着眼して改訂する」などと、改訂の方向性くらいはメールの本文で示したいところです。

「添付のファイルの案のように」で片付けてしまっては、判断にも時間を要するでしょう。相手の時間だけでなく、最終的には自分の時間も犠牲にする

可能性が高くなります。

　また、「判断」を求めるからには、希望期日も示したほうが、相手はこのメール対応の優先順位をつけやすくなります。しかし、このメールには、それもありません。

　和田さんは、短いメールのほうが伝わると考えているのかもしれませんが、必要な情報がなければ、メールの目的を速く達成することは難しいのです。書く前の準備をすれば、和田さんも、山浦マネージャーに「判断してもらう」ために必要な情報に気づくことができたでしょう。

【解答例】
問い1　シラバス書式の改訂の提案。
問い2　どのようにシラバス書式を改訂するのか？
問い3　山浦マネージャーに改訂案を承認してほしい。

練習問題 2-1 【準備】社内便

件名：社内便について

みなさまへ

お疲れ様です。

最近、社内便伝票の記載に漏れがあるケースが増え、どこに配布したらよい
かを確認することに時間がかかっています。

特に、本社から事業所宛のものに、部署名の記載漏れが目立ちます。また、当
担当では先月新人パートさんが増えましたので、記載が不正確ですと、仕分
けに時間がかかってしまう状況です。

ご理解をよろしくお願いいたします。

総務部　半沢 愛

【設問】

このメールは、総務部の半沢さんが、全社員に送ったものです。このメール
を読んで、次の3つの問いに答えてください。

問い1 ▶ このメールの「テーマ」は何だろうか？

問い2 ▶ 「テーマ」を質問の形にすると、どうなるだろうか？

問い3 ▶ 「期待する反応」は何だろうか？

解答の参考 181ページ

練 習 問 題 2-2【準備】勤続表彰式

件名：勤続表彰式について

営業第１部管理チーム
水野さん
お世話になっております。
さっそくですが、12月7日（金）に永年勤続者の表彰式を行い、勤続30年、20年に該当するみなさんを表彰する予定です。
そこで、ABC人事総務サービスに、各部門の対象者を洗い出すように作業を依頼させていただいていますが、貴部については下記該当者が存在するかどうか確認することができていません。
勤続30年：1987年1月〜12月入社
勤続20年：1997年1月〜12月入社
つきましては、お忙しい中、恐縮ですが、対象者についてご確認いただけないでしょうか。
※対象は当社における在籍年数が、出向期間も含めて通算で対象になる、上記入社です。
お手数ですが、表彰式の準備の都合上、8月23日（金）までに、調べていただけますと幸いです。
よろしくお願いいたします。
総務部　半沢 愛

【設問】

このメールは、総務部の半沢さんが、営業第１部の水野さんに送ったものです。このメールを読んで、次の3つの問いに答えてください。

問い1 ▶ このメールの「テーマ」は何だろうか？

問い2 ▶ 「テーマ」を質問の形にすると、どうなるだろうか？

問い3 ▶ 「期待する反応」は何だろうか？

解答の参考 **182ページ**

第2章　伝わるものは書く「前」に決まる！　53

練 習 問 題 2-3 【準備】電話システムの切り替え

件名：電話システム切り替えの件
_____

総務部のみなさん
お疲れ様です。
今月 10 日（月）から、新しい電話システムに切り替えますが、このため、今後
は以下の問い合わせの増加が想定されます。
----
①新たな電話機器の操作・機能に関するもの
②更新したボイスメール・システムに関するもの
----
①も②も、ヘルプデスクへの問い合わせも受けますが、基本事項についてはイン
トラネット上にアップする「マニュアル」「FAQ」をチェックするように全社に通
達します。（3 月 20 日付け）
②に関しては、今回、新たなオプション機能がついていますが、その設定が煩雑
で、問い合わせの中心はこの点になると想定されます。具体的には、メッセージ
の誤送信防止機能などですが、これらには、ヘルプデスクでしっかり対応するよ
うにします。
このため、10 日（月）～ 21 日（金）のコアタイムはヘルプデスクを 1 名増員し
ます。
なお、問い合わせ内容をふまえて、FAQ は改訂する予定です。
以上、ご報告までです。
よろしくお願いいたします。
総務部　半沢 愛

【設問】

このメールは、総務部の半沢さんが、総務部の全メンバーに送ったものです。
このメールを読んで、次の 3 つの問いに答えてください。

問い1 ▶| このメールの「テーマ」は何だろうか？

問い2 ▶| 「テーマ」を質問の形にすると、どうなるだろうか？

問い3 ▶| 「期待する反応」は何だろうか？

解答の参考 **183ページ**

練習問題 2-4 【準備】 QC 表彰式

件名：QC 表彰式前泊について

QC 表彰式の参加者のみなさん

2017 年度の QC 活動の表彰会が、既報のように来週 24 日（月）9：00 から本社大会議室で行われます。

・東都研修所には、23 日（日）23 時までに入館してください。23 時が門限ですので、これ以降は入館できません。

・23 日（日）夜は食事を済ませて入館していただくか、購入したものを研修所で食べるときには食堂で食べてください。

・24 日（月）朝も、各自朝食を済ませて、本社にお越しください。

　→研修所で食事の用意はありません。

【持参品】

ID カードは必携です。また、洗面用具、タオル、寝巻も持参してください。研修所にはありません。

※ご参考〈本社へのアクセス〉

① JR を利用する場合

　研修所から阿佐ケ谷駅まで徒歩 10 分。阿佐ケ谷駅から JR 中央線で東京駅まで約 25 分。東京駅から本社まで徒歩 5 分。

②地下鉄を利用する場合

　研修所から南阿佐ケ谷駅まで徒歩 3 分。南阿佐ケ谷駅から丸ノ内線で大手町駅まで約 35 分。大手町駅から本社まで徒歩 2 分。

　→約 40 分です。朝はラッシュで電車が遅れがちなため、余裕をもって移動してください。

以上です。

総務部　半沢 愛

(注) QC とは、Quality Control の略。品質管理。

【設問】

このメールは、総務部の半沢さんが、各支社の QC 表彰式参加者に送ったものです。このメールを読んで、次の 3 つの問いに答えてください。

問い1 ▶　このメールの「テーマ」は何だろうか？

問い2 ▶　「テーマ」を質問の形にすると、どうなるだろうか？

問い3 ▶　「期待する反応」は何だろうか？

解答の参考 184 ページ

練 習 問 題 2-5【準備】電話増設

【状況設定】

販売部の佐藤さんは、バンコク支社から異動してくるサラカームさんのために、オフィス環境のセットアップをサポートしています。

電話の申請方法について、佐藤さんは総務部の半沢さんにメールで問い合わせをして、イントラネット上の申請フォームを用いればよいと理解しました。しかし、疑問が残りました。

その内容は……

「申請者フォームの1ページ目を見ると、申請者は担当者でよいように見える。しかし、2ページ目を見ると申請者は課長でなければいけないようにも見える。また、パソコンの機種変更やイントラネットへのアクセスのための手続きも、総務部に申請すればよいのだろうか?」

【設問】

状況設定のもと、販売部の佐藤さんは、総務部の半沢さんにメールを書こうとしています。そのメールについて、次の3つの問いに答えてください。

問い1 ▶ 佐藤さんが書くメールの「テーマ」は何だろうか?

問い2 ▶ 「テーマ」を質問の形にすると、どうなるだろうか?

問い3 ▶ 佐藤さんが、半沢さんに「期待する反応」は何だろうか?

解答の参考 185ページ

練習問題 2-6 【準備】海洋性コラーゲン

【状況設定】

基礎研究部の山本さんは、美容サプリメントの素になる海洋性コラーゲンを抽出する技術開発に取り組んでいます。研究の努力が実り、吸収がよいコラーゲンを効率よく抽出する技術について、目処がつきつつあります。今後は、この技術が商品化のための条件を満たすものになるように検討する計画を立てています。そこで、海洋性コラーゲンの商品化に関心を持っている商品開発部の斉藤マネージャーに、次の2点を確認したいと考えています。

・どのような商品に海洋性コラーゲンを活用できそうか？
・海洋性コラーゲンを活用する際の安全性、コストなどを、どう考えているか？

【設問】

下線部を達成するために、基礎研究部の山本さんが、商品開発部の斉藤マネージャーに書くメールについて、次の3つの問いに答えてください。

問い1 ▶ 山本さんが書くメールの「テーマ」は何だろうか？

問い2 ▶ 「テーマ」を質問の形にすると、どうなるだろうか？

問い3 ▶ 山本さんが、斉藤マネージャーに「期待する反応」は何だろうか？

解答の参考 186ページ

練習問題 2-7 【準備】調理機器の入れ替え

【状況設定】

総務部の児玉さんは、社員食堂の厨房エリアの調理機器の入れ替えについて、機器メーカーの加藤さんにメールで連絡することになりました。以下のリストは、メールの内容を整理するために書いたものです。

・先日提出してもらった見積もりについて連絡。

・ガスオーブンは、パワー 12.3kW のものに変更してもらう。

・機器入れ替えのための作業日数を 2 日から 1.5 日に短縮。

・作業内容には、すべての機器の稼働チェックを含める。

・10 月 20 日（金）までに、見積もりを再提出してもらう。

・入れ替えは、2 月 10 日（土）～ 11 日（日）、もしくは、2 月 17 日（土）～ 18 日（日）で行う（加藤さんには伝え済み）。

・12 月 11 日（月）の週に、搬入経路と設置箇所の事前確認をしてもらう。

・予定は後日、加藤さんと相談して決める。

【設問】

総務部の児玉さんが、機器メーカーの加藤さん宛に書くメールについて、次の 3 つの問いに答えてください。

問い 1 ▶ 児玉さんが書くメールの「テーマ」は何だろうか？

問い 2 ▶ 「テーマ」を質問の形にすると、どうなるだろうか？

問い 3 ▶ 児玉さんが、加藤さんに「期待する反応」は何だろうか？

解答の参考 187 ページ

第3章【構成】

頭の中を「構造ボックス」で整理する!

わかりやすく論理的なメッセージの構成法

Lesson

1 メッセージは 3つのセクションで構成する

強化ポイント▶導入部・本論・結びで構成する

✉「導入部→本論→結び」を基本にする

テーマと、相手に期待する反応を確認したことによって、準備が整いました。さあ書き始めよう。でも何を、どんな順番で書けばいい？　あれこれ悩んでいるうちに時間が過ぎていく──。

このように悩む前に、メッセージがわかりやすく論理的に、しかも速く正確に伝わるための基本の流れを使ってみましょう。それは、メッセージを次の3つのセクションに分けて構成し、この順番で展開していくというシンプルなものです。

---

①導入部　→　②本論　→　③結び

テーマや期待する反応が複雑でも、報告や相談、依頼などの内容が込み入っていても、この流れに沿って順に必要な要素を構成すればよいわけです。

導入部・本論・結びの流れは、メールはもちろん、提案書や企画書のような文書にも、また口頭の説明にも使える汎用性の高いものです。まずはこの流れをメールでしっかり体得していきましょう。

✉ この構成は「準備」がベースになっている

3つのセクションにはどんな役割があるのでしょうか。次ページのビジネス・コミュニケーションのしくみの図を参照しながら解説しましょう。

冒頭の「導入部」では、「テーマ」と「期待する反応」を明示します。メールなら読み始めの部分に当たります。何についての説明か、何をしてもらいたいのかという目的をコンパクトに伝えます。

次の「本論」には、テーマに対する質問の答えを明示します。例えば、報告メールなら報告の中身、依頼メールなら依頼の中身です。

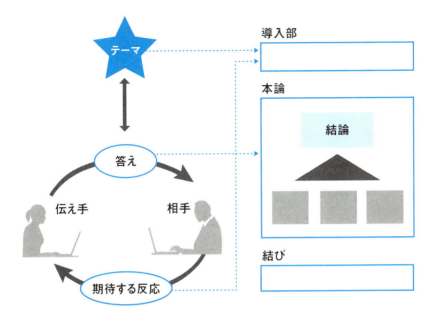

　最後の「結び」には、相手への感謝や配慮のことばなど、メール全体の印象を高め、感じをよくするための要素が入ります。

- テーマと期待する反応を示す導入部（Lesson 2）
- 結論と理由を示す本論（Lesson 3〜6）
- 好印象を残す結び（Lesson 7）

　なぜ、この流れでこのように構成することが大事なのでしょうか。それは、ビジネス・コミュニケーションで重要な「テーマ」と「期待する反応」という目的を相手とまず共有する目的志向の形だからです。
　ここで効いてくるのが、「書く前の準備」です。準備によって、テーマと期待する反応が明確になっていれば、導入部→本論→結びの流れの起点「導入部」をスムーズに構成できるのです。

Lesson

2 導入部はメッセージの全体像を伝える

強化ポイント▶準備で確認した2つの要素を明示する

✉ 必須要素は「テーマ」+「期待する反応」

この Lesson では「導入部」について解説します。

第2章の「書く前の準備」では「テーマ（何について書くのか）」と「期待する反応（何をしてもらいたいのか）」を確認しました。この2つを説明するのが導入部です。

> ・テーマ（報連相、提案、依頼、質問など）
> ・期待する反応（確認、判断、行動）

メールの冒頭の導入部でメールの目的をコンパクトに伝えることで、読み手に説明の全体観を持ってもらいます。読み手に"読む前の準備"をしてもらうということです。

例えば、巻頭サンプルメールの残念メールを見てください。あいさつの後に、いきなり本論が書かれています。これでは、読み手は「何について」「何のために」のメールか、全文を読まなければわかりません。導入部がないことが、メール全体の伝わりにくさの原因になっているのです。

一方、改訂メールを見てください。こちらには導入部があり、テーマと期待する反応が明記されています。

> テーマ：資料翻訳の進捗報告とお願い事項をお送りします。
> 期待する反応：ご確認とご対応をお願いします。

このような導入部があると、室町部長はここを読むだけで「このメールは報告と依頼」であり、「自分は確認と何かしらの対応を求められている」と、メールの全体像を把握できるわけです。

巻頭サンプルメールの改訂メール

件名：プレゼン資料翻訳について報告とお願い

室町部長
先ほどは、A社向けのプレゼン資料のファイルを送付いただき、
ありがとうございました。
さっそくですが、資料翻訳の進捗報告とお願い事項をお送りします。ご確認とご対応をお願いします。

> テーマと
> 期待する反応が
> わかる

　報告と依頼の具体的な内容は、導入部ではなく、それに続く本論で述べることを基本の型にします。テーマと期待する反応は、2行ほどで書ければすぐに読めます。長くとも4行以内を目指しましょう。

入れておきたい「あいさつ」というワンクッション

　さらに、ビジネスメールの導入部に入れておくとよい要素が「あいさつ」です。社内の同じチームのメンバー同士とか、短時間に同じ相手と何度もメールをやりとりするような場合はともかく、導入部の先頭にはひと言、相手への感謝や配慮を示すあいさつを入れましょう。

　メールに限らず、打ち合わせなどでも、最初に「今日はお忙しいところ、時間をいただき、ありがとうございます」といったあいさつをするでしょう。

　先のメールでも本郷さんは、導入部を「資料のファイルを送付いただき、ありがとうございました」と、部長への感謝から始めています。この1文があることで、速く正確にだけでなく、「より感じよく」目的が伝わるのです。

　特に、相手の行動や判断を求めるメールではあいさつは重要です。わかりやすさや論理性だけでなく、相手に敬意を示すというマナーもビジネスのコミュニケーションには欠かせないのです。

第3章　頭の中を「構造ボックス」で整理する！　63

例題 3-1 【導入部】業務改善プロジェクト

> 件名：業務改善プロジェクトについて
>
> ――――――――――――――――――――――――――――――
>
> 佐和マネージャー
>
> 出張、お疲れさまです。
>
> 業務改善プロジェクトの開始時期の件ですが、本日、室町部長とプロジェクト事務局とで検討しました。
>
> 検討の結果、プロジェクトのスタート時期は、上期決算後の 10 月のほうが、関連部署へのヒアリングに協力を得やすく、活動を進めやすいだろう、ということになりました。また、営業本部と生産本部で、プロジェクト参加メンバーの選定に時間を要しており、10 月開始のほうが無理がない、ということになりました。
>
> そこで、プロジェクトは、開始時期を前倒しせずに、当初の予定どおり 10 月に開始しよう、ということになりました。
>
> 以上です。
>
> 川角

【設問】

このメールは、第 2 章の「例題 2-1」で取り上げたものです。例題 2-1 で答えた「テーマ」と「期待する反応」を念頭に、ここでは、導入部を考えましょう。次の 2 つの問いに答えてください。

問い1 ▶ **このメールの冒頭には、導入部に必要な要素が揃っているだろうか？**

ヒント この章の Lesson 1 と Lesson 2 を見直してみよう。第 2 章の例題 2-1 をスキップした人は、その解説も確認してみよう。

問い2 ▶ **このメールの導入部を作ると、どうなるだろうか？**

ヒント この章の Lesson 1 と Lesson 2 を見直してみよう。

【解説】

「導入部→本論→結び」の流れに照らしてみましょう。導入部とは、「テーマ」と「期待する反応」の2つを述べるセクションです。

☑「あいさつ」の後は「テーマ」と「期待する反応」

問い1の解説です。テーマは「〜について報告する」、期待する反応は「〜について確認をお願いする」のように示します。

冒頭のあいさつの後、2行から4行ほどをチェックします。

> 出張、お疲れさまです。
> 業務改善プロジェクトの開始時期の件ですが、本日、室町部長とプロジェクト事務局とで検討しました。
> 検討の結果、プロジェクトのスタート時期は、上期決算後の10月のほうが、関連部署へのヒアリングに協力を得やすく、活動を進めやすいだろう、ということになりました。

あいさつの後には、「検討した」という状況とその内容が示されています。

しかし、例題2-1で考えたように、テーマ「業務改善プロジェクトの開始時期についての報告」、期待する反応「佐和マネージャーに報告内容を確認してほしい」は書かれていません。必要な要素がないので、どこまでが導入部で、どこからが本論か、メッセージのセクションの境界もはっきりしません。

☑ 導入部はすぐに練習効果が出る

次に問い2の解説です。問い1で不在だと確認した2つを入れて、あいさつの後を、例えば、次のように構成するとどうでしょうか?

> 業務改善プロジェクトの開始時期について、本日、室町部長とプロジェクト事務局とで検討した結果をご報告します。ご確認をお願いします。

こう書いておけば、佐和マネージャーはメールの目的、全体観をつかめます。ここまでが導入部ということもはっきりします。

第3章 頭の中を「構造ボックス」で整理する! 65

「プロジェクトの開始は 10 月になった」ことやその理由は、導入部の後で説明すればいいのです。導入部で、テーマと期待する反応を示す習慣をつけましょう。

その習慣は、報告や依頼、提案の内容、つまり本論がこみ入っているときほど、活きてきます。

「自分は文章が下手でメッセージが伝わらない」と悩まれている方には、漠然と「文章が下手」と考えるのではなく、まず導入部をチェックすることをお勧めします。必要な要素がなければ、それを書くだけで、相手への伝わりやすさがグンとアップします。

導入部の改善は即効性が高いところです。あなた自身の、部下や後輩の書くメールの導入部に着目してください。

【解答例】
問い1　テーマと期待する反応のどちらも書かれていない。
問い2　出張、お疲れさまです。
　　　　業務改善プロジェクトの開始時期について、本日、室町部長とプロジェクト事務局とで検討した結果をご報告します。
　　　　ご確認をお願いします。

例題 3-2【導入部】新ボイスメール

件名：新ボイスメールに関する問い合わせの件

部課長各位
今回のボイスメール・システム刷新にあたっては、部内説明会の実施をはじめ、ご配慮いただき、ありがとうございました。
さて、当部では、「新ボイスメール FAQ 集」を作成し、先週イントラネット上に掲示いたしました。
FAQ 集は導入に先立って行った研修でみなさんから実際に受けた質問と答えをまとめたものです。
しかし、新システムの操作方法やマニュアルについて社内各部署から当部に多くの電話問い合わせが来て、接続に時間がかかってしまい、みなさんをお待たせすることになっています。その中には、FAQ 集に網羅されているものが少なくありません。
また、多くの電話に対応するため、当部では個々の質問に十分な時間をとりにくくなっているのが実情です。FAQ 集の活用によって電話が絞り込まれると、個々の問い合わせにより質の高いサポートをご提供できます。
そこで、FAQ 集を活用してくださいますよう、ご協力をお願いいたします。
ボイスメール担当　広尾 久

（注）FAQ とは、Frequently asked questions の略。よくある質問と答え。

【設問】

このメールは、第 2 章の「例題 2-2」で取り上げたものです。例題 2-2 で答えた「テーマ」と「期待する反応」を念頭に、ここでは、導入部を考えましょう。次の 2 つの問いに答えてください。

問い1 ▶ **このメールの冒頭には、導入部に必要な要素が揃っているだろうか？**

> ヒント この章の Lesson 1 と Lesson 2 を見直してみよう。第 2 章の例題 2-2 をスキップした人は、その解説も確認してみよう。

問い2 ▶ **このメールの導入部を作ると、どうなるだろうか？**

> ヒント この章の Lesson 1 と Lesson 2 を見直してみよう。

第 3 章　頭の中を「構造ボックス」で整理する！　67

【解説】

　長いメールほど、「導入部→本論→結び」の流れの起点「導入部」において、メッセージの全体像を示すことが重要です。

✉ テーマと期待する反応があるか？

　それでは、問い1を解説しましょう。最初に、これまでの協力に感謝する「あいさつ」があるのは、合格です。次の4行ほどを見てみます。

> 当部では、「新ボイスメール FAQ 集」を作成し、先週イントラネット上に掲示いたしました。
> FAQ 集は導入に先立って行った研修でみなさんから実際に受けた質問と答えをまとめたものです。

　ここには、依頼の背景はありますが、第2章の例題2-2で考えた導入部に不可欠なテーマ「ボイスメールの FAQ 集の活用についてのお願い」、期待する反応「部下に FAQ 集を読むように指導してほしい」はありません。

　また、どこまでが導入部か、区切れ目もはっきりしません。

　あなたが忙しいときにこのメールが来たら、「後回し！」にしたくなる気持ちがわかるでしょう。

✉ 忙しい相手には特に導入部が大事

　次に問い2の解説です。テーマと期待する反応の2つが明確になるように導入部を構成してみましょう。

> 当部では、先週「新ボイスメール FAQ 集」をイントラネットに掲示しました。部下のみなさんが FAQ 集を活用するように、指導をお願いいたします。

　依頼の背景の後に下線部1行を追加するだけで、テーマと期待する反応を伝えることができます。

　このメールのように、忙しい相手への依頼や相談では、ていねいにと思う

だけに、背景や理由を説明した上で、最後に「そこで、○○をお願いします」「については〜を相談させてください」となりがちです。

しかし、最後まで読んでようやく意図がわかる構成は、忙しいからこそ、メールの目的を速く理解したいと考える相手に、時間を使わせてしまいます。

忙しい人へのメッセージは、まず導入部でテーマと期待する反応を明示して、メールの目的を説明しましょう。それが、相手の時間も尊重した、スピード志向です。

部下に指導してもらうポイントやその理由は、導入部が終わった後の本論で示します。その構成法は、この章の Lesson 3 〜 6 で解説します。

【解答例】

問い 1　テーマと期待する反応のどちらも書かれていない。

問い 2　今回のボイスメール・システム刷新にあたっては、部内説明会の実施をはじめ、ご配慮いただき、ありがとうございました。
当部では、先週「新ボイスメール FAQ 集」をイントラネットに掲示しました。
部下のみなさんが FAQ 集を活用するように、指導をお願いいたします。

例題 3-3 【導入部】シラバス作成

件名：アルファカレッジのシラバスの件

山浦マネージャー

お疲れ様です。

さっそくですが、アルファカレッジのシラバス作成時期となりました。

ついてはアルファカレッジの来年度のシラバス書式の案を検討しました。

添付のファイルの案のように改訂したいと考えます。

早々に、講師陣にシラバス作成を依頼したいと考えます。

よろしくお願いいたします。

和田

【設問】

このメールは、第 2 章の「例題 2-3」で取り上げたものです。例題 2-3 で答えた「テーマ」と「期待する反応」を念頭に、ここでは、導入部を考えましょう。次の 2 つの問いに答えてください。

問い1 ▶ このメールの冒頭には、導入部に必要な要素が揃っているだろうか？

ヒント この章の Lesson 1 と Lesson 2 を見直してみよう。第 2 章の例題 2-3 をスキップした人は、その解説も確認してみよう。

問い2 ▶ このメールの導入部を作ると、どうなるだろうか？

ヒント この章の Lesson 1 と Lesson 2 を見直してみよう。

【解説】

もう1つ、練習しましょう。今度は、先ほどの例題3-2に比べると短いメールですが、同じように導入部を構成できます。

✉ 開いた瞬間に「提案」「承認」がわかるか?

まず、問い1を解説しましょう。冒頭の「あいさつ」に続く4行ほどを見ます。

> アルファカレッジのシラバス作成時期となりました。
> ついてはアルファカレッジの来年度のシラバス書式の案を検討しました。
> 添付のファイルの案のように改訂したいと考えます。
> 早々に、講師陣にシラバス作成を依頼したいと考えます。

短いメールなので4行にほぼ全文が入ってしまいますが、短くても長くても導入部の「基本の型」は同じです。

ここには、必須要素である、「テーマ」と「期待する反応」がありません。例題2-3で考えたように、テーマは「シラバス書式の改訂の提案」、期待する反応は「改訂案を承認してほしい」です。

これらを行間から察してもらうのではなく、メールを開いたら、真先に視界に入るように示すことが大事です。

✉ メール1回の往復で仕事が進む導入部を作る

次に問い2の解説をしましょう。テーマと期待する反応の2つを入れて導入部を構成してみましょう。

その際、このケースで加えておきたい点が、仕事につきものの期日です。例題2-3でも触れたように、「いつごろまでに」承認してほしいのかは、仕事を進める上で、伝え手にも相手にも重要なものです。

> アルファカレッジのシラバス作成時期となりました。シラバス書式の改訂案を作りましたので、提案します。<u>今週中にご承認いただければ、ありがたいです。</u>

　送り手も読み手も、1回のメールの往復で「では、今期はこの書式でいこう」となるのがベストです。下線部のように婉曲な表現を用いれば、押しつけがましくならずに期日を伝えることができるでしょう。

　もちろん、こちらの都合で設定した期日を導入部から示すことは控えたい、というケースもあるでしょう。その場合は、第4章で取り上げる視覚化テクニックを用いることによって、期日が文字の中に埋もれないように示します。巻末の練習問題の改訂例を参考にしてください。

【解答例】

問い1　テーマと期待する反応のどちらも書かれていない。

問い2　お疲れ様です。アルファカレッジのシラバス作成時期となりました。シラバス書式の改訂案を作りましたので、提案します。
　　　　今週中にご承認いただければ、ありがたいです。

練習問題 3-1 【導入部】社内便

件名：社内便について

みなさまへ
お疲れ様です。
最近、社内便伝票の記載に漏れがあるケースが増え、どこに配布したらよい
かを確認することに時間がかかっています。
特に、本社から事業所宛のものに、部署名の記載漏れが目立ちます。また、当
担当では先月新人パートさんが増えましたので、記載が不正確ですと、仕分
けに時間がかかってしまう状況です。
ご理解をよろしくお願いいたします。
総務部　半沢 愛

【設問】

このメールは、第2章の「練習問題2-1」で取り上げたものです。練習問題
2-1で答えた「テーマ」と「期待する反応」を念頭に、導入部を考えましょ
う。次の2つの問いに答えてください。

問い1 ▶ このメールの冒頭には、導入部に必要な要素が揃っているだろ
うか？

問い2 ▶ このメールの導入部を作ると、どうなるだろうか？

解答の参考　181ページ

第3章　頭の中を「構造ボックス」で整理する！　73

練習問題 3-2 【導入部】 勤続表彰式

件名：勤続表彰式について

営業第1部管理チーム
水野さん
お世話になっております。
さっそくですが、12月7日（金）に永年勤続者の表彰式を行い、勤続30年、20年に該当するみなさんを表彰する予定です。
そこで、ABC人事総務サービスに、各部門の対象者を洗い出すように作業を依頼させていただいていますが、貴部については下記該当者が存在するかどうか確認することができていません。
勤続30年：1987年1月〜12月入社
勤続20年：1997年1月〜12月入社
つきましては、お忙しい中、恐縮ですが、対象者についてご確認いただけないでしょうか。
※対象は当社における在籍年数が、出向期間も含めて通算で対象になる、上記入社です。
お手数ですが、表彰式の準備の都合上、8月23日（金）までに、調べていただけますと幸いです。
よろしくお願いいたします。
総務部　半沢 愛

【設問】

このメールは、第2章の「練習問題2-2」で取り上げたものです。練習問題2-2で答えた「テーマ」と「期待する反応」を念頭に、導入部を考えましょう。次の2つの問いに答えてください。

問い1 ▶ このメールの冒頭には、導入部に必要な要素が揃っているだろうか？

問い2 ▶ このメールの導入部を作ると、どうなるだろうか？

解答の参考 182ページ

74

練習問題 3-3【導入部】電話システムの切り替え

件名：電話システム切り替えの件

総務部のみなさん
お疲れ様です。
今月10日（月）から、新しい電話システムに切り替えますが、このため、今後は以下の問い合わせの増加が想定されます。

----

①新たな電話機器の操作・機能に関するもの
②更新したボイスメール・システムに関するもの

----

①も②も、ヘルプデスクへの問い合わせも受けますが、基本事項についてはイントラネット上にアップする「マニュアル」「FAQ」をチェックするように全社に通達します。（3月20日付け）
②に関しては、今回、新たなオプション機能がついていますが、その設定が煩雑で、問い合わせの中心はこの点になると想定されます。具体的には、メッセージの誤送信防止機能などですが、これらには、ヘルプデスクでしっかり対応するようにします。
このため、10日（月）〜21日（金）のコアタイムはヘルプデスクを1名増員します。
なお、問い合わせ内容をふまえて、FAQは改訂する予定です。
以上、ご報告までです。
よろしくお願いいたします。
総務部　半沢 愛

【設問】

このメールは、第2章の「練習問題2-3」で取り上げたものです。練習問題2-3で答えた「テーマ」と「期待する反応」を念頭に、導入部を考えましょう。次の2つの問いに答えてください。

問い1 ▶ このメールの冒頭には、導入部に必要な要素が揃っているだろうか？

問い2 ▶ このメールの導入部を作ると、どうなるだろうか？

解答の参考 **183ページ**

第3章　頭の中を「構造ボックス」で整理する！　75

練習問題 3-4 【導入部】QC 表彰式

件名：QC 表彰式前泊について

QC 表彰式の参加者のみなさん
2017 年度の QC 活動の表彰会が、既報のように来週 24 日（月）9：00 から本社大会議室で行われます。
・東都研修所には、23 日（日）23 時までに入館してください。23 時が門限ですので、これ以降は入館できません。
・23 日（日）夜は食事を済ませて入館していただくか、購入したものを研修所で食べるときには食堂で食べてください。
・24 日（月）朝も、各自朝食を済ませて、本社にお越しください。
　→研修所で食事の用意はありません。
【持参品】
ID カードは必携です。また、洗面用具、タオル、寝巻も持参してください。研修所にはありません。
※ご参考〈本社へのアクセス〉
① JR を利用する場合
　研修所から阿佐ケ谷駅まで徒歩 10 分。阿佐ケ谷駅から JR 中央線で東京駅まで約 25 分。東京駅から本社まで徒歩 5 分。
② 地下鉄を利用する場合
　研修所から南阿佐ケ谷駅まで徒歩 3 分。南阿佐ケ谷駅から丸ノ内線で大手町駅まで約 35 分。大手町駅から本社まで徒歩 2 分。
　→約 40 分です。朝はラッシュで電車が遅れがちなため、余裕をもって移動してください。
以上です。
総務部　半沢 愛

【設問】

このメールは、第 2 章の「練習問題 2-4」で取り上げたものです。練習問題 2-4 で答えた「テーマ」と「期待する反応」を念頭に、導入部を考えましょう。次の 2 つの問いに答えてください。

問い1 ▶ このメールの冒頭には、導入部に必要な要素が揃っているだろうか？

問い2 ▶ このメールの導入部を作ると、どうなるだろうか？

解答の参考 **184ページ**

Lesson

3 本論は2つの考え方で整理する

強化ポイント▶So What?/Why So?とMECEを理解する

✉ 質問に対する答えを展開する

　導入部でメールの全体像を伝えたら、次はメールの「本論」です。

　第2章の Lesson 3で、「書く前の準備」としてテーマを質問の形に置き換えました。本論は、その質問への「答え」に当たります。

　巻頭サンプルメールの改訂例を見てください。導入部に書かれているこのメールのテーマ「資料翻訳の報告とお願い」は、次の2つの質問に置き換えることができます。

> ・資料の翻訳版を8日に使えるか？
>
> ・部長に何をお願いしたいか？

導入部

> 先ほどは、A社向けのプレゼン資料のファイルを送付いただき、ありがとうございました。
> さっそくですが、資料翻訳の進捗報告とお願い事項をお送りします。ご確認とご対応をお願いします。

本論

> ● 進捗報告
> 当資料の翻訳版を8日（水）のプレゼンで使うことができます。
> ・本日10時に、原稿を翻訳エージェントに渡し済みです。
> ・7日（火）17時に、翻訳版が本郷宛に届きます。
> ● 納品後、クイック・チェックのお願い
> 7日（火）17時をめどに、翻訳チェックの時間をとっていただたくお願いします。
> ・納品後直ちに、翻訳ファイルをメールでお送りします。
> ・修正がありましたら、8日（水）9時までにご指示ください。
> ・それを反映させて、プレゼン用の配布分を用意します。

テーマに対する質問の答えを展開する

第3章　頭の中を「構造ボックス」で整理する！　77

この2つの質問に対する「答え」がメールの「本論」になるわけです。

本論の構成で大事なことは、質問への答えを、要点をつかみやすく、かつ相手が納得できるように示すことです。そのために使う思考整理の考え方が「So What?/Why So?」と「MECE」です。これらはロジカル・シンキング（論理思考）のベースになるものです。

✉ 答えは、結論と理由・解説に分ける
── So What?/Why So?

So What?/Why So? とは、答えの要素を「結論」と「それを支える要素」とに分けるという考え方です。

> So What?（結局、何なのか？）→ 最も伝えたい訴求点、結論
> Why So?（なぜ、そう言えるのか？）→ 結論を支える理由や具体的な解説

例えば、先ほどの巻頭サンプルメールの場合、「資料の翻訳版を8日に使えるか？」という質問に対する答えの「結論」は、「当資料の翻訳版を8日（水）のプレゼンで使うことができます」です。これは、答えの要、So What?（結局、何なのか？）を抽出したものです。

これだけで納得してくれる人もいます。しかし、中には、Why So?（なぜ、そう言えるのか？）を求める人もいます。相手にとってその結論が重要なら、理由や解説を求められますね。

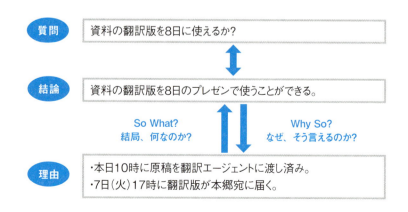

この改訂メールには、結論を支える理由が書き添えられています。

質問への答えを、結論と、それを支える理由・解説に分けて、両者がSo What?/Why So?の関係で支え合うように整理します。これが論理的な説明の土台です。

この整理を習慣にして、So What? → Why So? の順でメッセージを説明すれば、速く要点が伝わります。

✉ 理由・解説は、重なりや大きな漏れなくグループ化する ──MECEの活用

MECE（ミッシー）は、答えの要素の過不足を確認したり、グループ化したりするために使う考え方です。

MECEとは、Mutually（お互いに）、Exclusive（重複しない）、Collectively（全体に）、Exhaustive（漏れがない）の略です。ものごとの全体を「重なりなく、漏れもない」関係でとらえるという考え方です。

MECEのイメージをもつために例として、トランプのカードをMECEにグループ化してみましょう。すべてのカードを重なりなく、漏れもなく分けるためには、どのような切り口があるでしょうか？

例えば、「赤、黒、ジョーカー」とグループ化することができます。さらに赤を「♡と◇」に、黒を「♤と♧」に分けることで、カードの全体像が一層はっきりします。

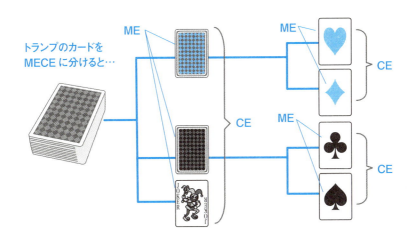

第3章 頭の中を「構造ボックス」で整理する！ 79

ある結論に対して理由・解説を説明するときも、羅列ではなく、グループ化しておけば、全体を把握しやすくなります。しかも、重なりと大きな漏れがないグループ化なら、結論の納得感も高まります。MECEをグループ化の"ものさし"にするわけです。

　巻頭サンプルメールの改訂例では「資料の翻訳版を8日に使える」という結論の理由を2つ挙げています。

> ・本日10時に、原稿を翻訳エージェントに渡し済みです。
> ・7日（火）17時に、翻訳版が本郷宛に届きます。

　この2つの中身には重なりはありませんし、時系列で考えた際に、翻訳版を8日に使うために漏れている事柄もなさそうです。ちなみに、納品後のチェックについては、メール後半で依頼しています。

　ここまで見てきたSo What?/Why So?の関係、MECEを活用したグループ化は、図にするとはっきりします。これは、巻頭サンプルメールの報告内容です。

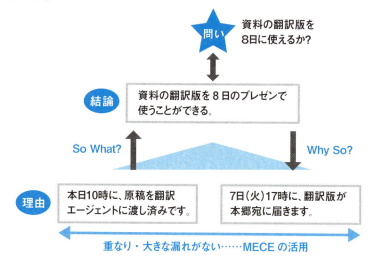

Lesson 4 「構造ボックス」で思考整理の習慣をつける

強化ポイント ▶ 論理的な説明の基本構造を理解する

✉ 構造ボックスの図で考える

論理的な説明の基本構造を図で表したものを、本書では「構造ボックス」と呼びます。

この図は上から下に、頂点に答えるべき質問、答えのSo What? を示す結論、結論を支える理由（もしくは解説）が配置されています。

論理的に思考を整理・構成する基礎力をつけるなら、構造ボックスの図を使って考えることをお勧めします。説明が、論理的な構造になっているかどうかを目で見て確認できるからです。

- 質問に対して、結論がずれずに、はっきりしているか？
- 結論と理由（もしくは解説）が、So What?/Why So? の関係にあるか？
- 理由は、MECE を活用して重なりや大きな漏れなくグループ化されているか？

本章の例題・練習問題では、この図で説明を構成する練習をします。練習

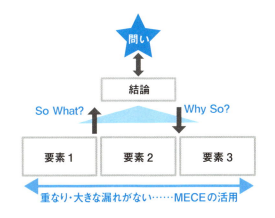

を積むことで、頭の中に構造ボックスを描きつつ書く、話す、そして読む、聞く習慣をつけていきます。

✉ シンプルな構造ボックスを作る

　構造ボックスは、できるだけ「シンプルな形にする」ことを心がけましょう。相手の人に説明の構成を記憶してもらうためです。

　下のAとBの構造ボックスを比べてみましょう。縦の階層が1つのAのほうが、階層が2つのBよりも簡明です。

　速く確実に伝えたいメールの場合、Aのようにできるだけシンプルな形で構成します。そのために、横方向の結論を支えるボックスの数も、3つ前後を目安にして分けておきます。

> ・縦方向の整理：階層は1つ
> ・横方向の整理：3つ前後

　もちろん、詳細な説明が必要な提案書や報告書の構成なら、Bの構造もあり得ます。その場合も「結論のボックス－2層目のボックス」が重要です。この章ではAの構成を中心に練習をします。

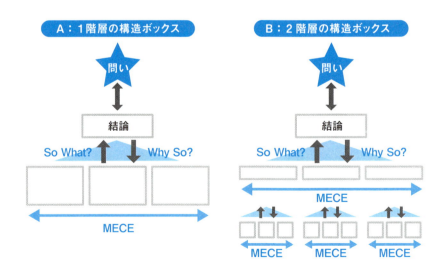

Lesson

5 要素分解、ステップ、対照概念でグループ化する

強化ポイント▶MECEは切り口を考える

✉ MECEの3つのタイプを覚える

MECE という考え方を使うときには、こういう視点で分ければ MECE になるという分け方のタイプを念頭に置きましょう。

MECE には、3つのタイプがあります。

> ● 要素分解　● ステップ　● 対照概念

● 要素分解

要素分解とは、グループ化したい対象のものを、全体を形づくる部分集合に分けて捉える考え方です。

例えば、あなたの職場の所属グループのメンバーを要素分解で分けると、どんな分け方が考えられるでしょうか？　仮に、職階という切り口なら、組織によって異なりますが「担当者・主任・課長・部長」などに分けられます。血液型なら「A 型、B 型、O 型、AB 型」の4つに分けることもできますね。

● ステップ

ステップで分けるとは、全体を時間やプロセスなど「始点から終点までの流れ」でグループ化する方法です。

巻頭サンプルメールの改訂メールの構造ボックスは、「翻訳版を 8 日のプレゼンで使えます」の理由を、「本日 10 時に入稿済み」→「7 日 17 時には納品予定」と、時間の流れの切り口で示しています。

● 対照概念

対照概念とは、ものごとを表と裏、A と A 以外など「対」になるもの2つ

第3章　頭の中を「構造ボックス」で整理する！　83

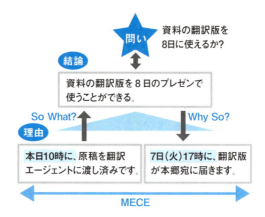

に分ける方法です。ビジネスの現場でもよく使われるのではないでしょうか。「この施策案のメリットは……、デメリットは……」とか「この金融商品のリスクは……、リターンは……」などです。

　ただ重なりなく、漏れなくと考えるのでは、分ける糸口を見出しにくいこともあるでしょう。そのようなとき、MECEを使うコツはまず、要素分解、ステップ、対照概念のどれを使って分けるのかを意識することです。

✉ どんな切り口で、いくつにグループ化するかを確認する

　MECEを使うコツその2は、グループ化の切り口をことばで示しておくことです。

　例えば、自己紹介で「私とは？」をMECEを活用して説明するとします。要素分解の発想なら、自分の中にある複数の"顔"を「職業人として」「家庭人として」「一個人として」という切り口で分けることができます。ステップの発想なら、「かつての私」「現在の私」「将来の私」を切り口にすることもできます。

　構造ボックス上で、切り口は2層目ボックスの関係を表すラベルのようなものです。上の構造ボックスは、「本日10時に」「7日17時に」と時系列で切り口がついています。これを、第4章で練習する視覚化の手法で読み手に示せれば、メッセージの枠組みを速くつかんでもらえるわけです。

　3つめのコツは、いくつの切り口に分けるか、その数に留意することです。

MECEのタイプ		例:「私」を説明する場合
要素分解	全体を部分集合に分ける	
ステップ	全体を始点-終点に分ける	
対照概念	全体を対の発想で分ける	

メッセージの構成が、受け手にも定着することが重要なので、3つ前後を目指しましょう。文書でも5つくらいまでに抑えると望ましいでしょう。

✉ 切り口と説明を一致させる

そして、4つめのコツは、切り口と、説明の中身を一致させることです。

先ほどの自己紹介の例では、切り口を自分の中の複数の顔にするなら、説明の方向性を例えば、「仕事は営業の一線で奮闘している。家庭ではわんぱく盛りのこどもイクメンとして忙しい。が、休日はフットサルでリフレッシュしている」とすることもできるでしょう。

ステップなら、「入社してから営業で活動してきた。現在はリーダーとして後輩指導に力をいれている。将来は法人営業のエキスパートとして活躍したい」とすることも可能です。

切り口が異なれば、説明の中身も異なる可能性があります。構造ボックスの図で言えば、2層目ボックスの切り口と中身が合っていることが、論理的な説明には不可欠です。例題・練習問題・チャレンジ問題と練習をしていきましょう。

ウォーミングアップ１　受信ボックスのグループ化

あなたの受信ボックスにあるメールすべてを、要素分解、ステップ、対照概念のそれぞれでグループ化すると、どう分けることができるだろうか？

【解答例】

●要素分解

「自分にTOで来たメール」「自分にCCで来たメール」「自分にBCCで来たメール」

●ステップ

「先週以前に着信したメール」「今週、昨日までに着信したメール」「今日着信したメール」

●対照概念

「社内から来たメール」「社外から来たメール」

ウォーミングアップ２　自己紹介のグループ化

自己紹介で「私」を説明する際、先の例のほかに、どのようにMECEに分けることができるか、「要素分解」「ステップ」「対照概念」の切り口を考えてみよう。

【解答例】

●要素分解

「私は何に喜びを感じるか」「私は何に怒りを感じるか」「私は何を悲しいと感じるか」「私は何を楽しいと感じるか」

●ステップ

「学生時代の私」「最初に就職した会社時代の私」「当社に転職後の私」

●対照概念

「オンのときの私」「オフのときの私」

Lesson 6 構造ボックスの内容は「文」の形で考える

強化ポイント ▶ So What?/Why So?を明確にする

✉ フレーズではなく、「何が」「どうなる」で整理する

　構造ボックスで思考を整理する際に心がけたいポイントがもう1つあります。それは、それぞれのボックスの内容を、フレーズ（語句）ではなく、センテンス（文）の形で考えることです。

　研修などで構造ボックスを作ってもらうと、フレーズだけを並べる人が少なくありません。短いフレーズが強いインパクトを与えることはあります。しかし、フレーズだけでは、So What?/Why So?（結局、何なのか？／なぜ、そう言えるのか？）の関係を正確に作ること、まして伝えることはできません。

　例えば、下の図は「当社は、ペット用の抗老化サプリの事業化をすべきか？」という質問への答えを、構造ボックスを使って整理したものです。これで、上下のボックスのSo What?/Why So?のつながりがわかるでしょうか？

　結論が「事業化する」であることは想像がつきますが、下のボックスがどう結論を支えているかというつながりはわからない状態です。「抗老化ニーズがどうだから、何の成長性がどうなのか」「参入ハードルがどうなのか」「サプリαの強みとは何で、収益性がどうなのか」と、多くの疑問が出てきます。その説明の材料は、まだ伝え手の頭の中です。

　では、これが次の図のような構造ボックスならどうでしょう？　結論も結論を支える理由も、フレーズで

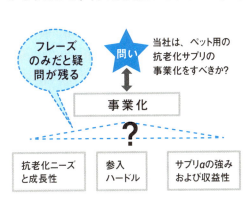

第3章　頭の中を「構造ボックス」で整理する！　87

はなく、センテンスの形になっています。

これならボックスの内容も理解できますし、上下のつながりもわかります。2層目のボックスの切り口が、市場・競合・自社であることもはっきりします。

構造ボックスは、「何がどうなる」「誰が何をどうする」という、主語・述語、必要ならば目的語がはっきりする、センテンスの形で考えるのが基本です。

✉ 必要なものを端折らない

フレーズで構造ボックスを構成する癖がついてしまうと、その癖が説明のときに出て、断片的な説明になりがちです。また、そもそもフレーズ化した構造ボックスは、これを第三者にもわかるメッセージとして表現することに時間を要します。

構成の段階から、思考を「具体的で簡潔」にアウトプットして So What?/Why So? を確認する習慣をつけましょう。やりたいことはシンプルで、「誰が何をどうする」「何がどうした」をはっきりさせることです。

「具体性を備えた簡潔さ」と、理解に「必要なものを端折った短さ」は異なります。ビジネスでは、前者を実践できるようにしたいものです。第5章では、日本語表現の視点から具体性・簡潔さを解説します。

Lesson

7 結びで好印象を残す

強化ポイント▶メッセージを締めくくる要素を覚える

✉ 相手への配慮・感謝が仕事をスムーズにする

Lesson 2でも述べたように、メールの冒頭の導入部は、多くの場合、あいさつで始めます。同様にメールの締めとなる「結び」にも、相手への配慮や感謝の意が伝わるあいさつを、その場面に合ったものを選んで入れましょう。

> ・ありがとうございました。
> ・御多忙中に恐縮ですが、よろしくお願いいたします。
> ・お手数をおかけしますが、お願い申し上げます。

特に「依頼」や「要請」「催促」の場合、結びで配慮や感謝、敬意を示すことは、読み手に好印象を残すのではないでしょうか。

あいさつに始まり、あいさつに終わるのはビジネスメールの基本です。

✉ 本論が長い場合、「期待する反応」を結びで確認する

もう1つ「結び」について覚えておきたいのは、メッセージの目的を「おさらいする」という役割です。短いメールでは不要ですが、本論が長めの場合、相手に期待する反応を、最後にさりげなく確認しておくといいでしょう。

巻頭サンプルメールの改訂メールには、最後に「お手数をおかけしますが、よろしくお願いいたします」というあいさつが添えられています。もし、このメールが例えば倍くらいの長さなら、次の下線部のような要素を付け加えてみましょう。より確実に「期待する反応」を伝えることができます。

> お手数をおかけしますが、チェックと修正のご指示をよろしくお願いいたします。

第3章 頭の中を「構造ボックス」で整理する！ 89

例題 3-4 【本論】業務改善プロジェクト

> 出張、お疲れさまです。
> 業務改善プロジェクトの開始時期についてご報告します。ご確認をお願いします。
>
> ＿＿＿＿＿＿＿＿＿＿＿＿＿＿＿＿＿＿＿＿＿＿＿＿＿＿＿＿＿＿＿＿＿＿＿
> 検討の結果、プロジェクトのスタート時期は、上期決算後の 10 月のほうが、関連部署へのヒアリングに協力を得やすく、活動を進めやすいだろう、ということになりました。また、営業本部と生産本部で、プロジェクト参加メンバーの選定に時間を要しており、10 月開始のほうが無理がない、ということになりました。
> そこで、プロジェクトは、開始時期を前倒しせずに、当初の予定どおり 10 月に開始しよう、ということになりました。
> ＿＿＿＿＿＿＿＿＿＿＿＿＿＿＿＿＿＿＿＿＿＿＿＿＿＿＿＿＿＿＿＿＿＿＿

【設問】

このメールは、第 2 章の「例題 2-1」で取り上げたものです。冒頭の 3 行は「例題 3-1」で考えた導入部の解答例です。導入部に続く本論（点線内）を、構造ボックスを使って構成してください。

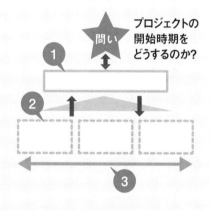

問い1 ▶ 結論を一番上のボックスに入れよう。

  ヒント Lesson 3 を見直して、質問に対する答えの So What? になるようにしよう。

問い2 ▶ 結論を支える要素を、2 層目のボックスに入れよう。

  ヒント Lesson 4 を見直して、結論に対して Why So? を示す要素を 3 つ前後のボックスに分けて入れよう。

問い3 ▶ 2 層目の要素に重なりや漏れがないことを確認して、切り口を明示しよう。

  ヒント Lesson 5 を見直して、MECE を活用しよう。

【解説】

第2章の例題2-1で、このメールのテーマは「業務改善プロジェクトの開始時期についての報告」、期待する反応は「佐和マネージャーに確認してほしい」と確認しました。本章の例題3-1では、導入部を作りました。

ここでは、報告の結論と理由を構造ボックスを使って構成します。

✉ 質問に対して So What? をはっきりさせる

問い1の解説です。「業務改善プロジェクトの開始時期をどうするのか？」という質問への So What?（結局、何なのか？）が、点線枠内の最後にあることはすぐわかるでしょう。

> **プロジェクトは、当初の予定どおり 10 月に開始する。前倒しはしない。**

これが構造ボックスの一番上のボックス、報告の結論です。

第4章の Lesson 2 で解説しますが、メールを含むビジネス文書では、構造ボックスを上から下に、So What? を先出しにして伝えていくことが原則です。

ところが、結論に至るまでの検討に苦労したり、手間取ったりするほど、伝え手は検討の経緯をなぞった説明をして、最後に結論を示しがちです。このメールもそうですね。構造ボックスのてっぺんの「問い↔結論」を頭に植えつけることが大事です。

✉ Why So? をグループ化する

次に問い2を解説しましょう。メールの結論「プロジェクトは 10 月に開始する」に対して Why So?（なぜ、そう言えるのか？）の要素を考えます。構造ボックスの2層目のボックスです。構造ボックスをできる限り簡明な形にするために、3つ前後にグループ化しましょう。

本文を読むと、Why So? の要素は、ポイントが異なる2つの文で説明されています。そこで、結論の下に2つのボックスを展開して、次のページのA・Bを入れます。

第3章　頭の中を「構造ボックス」で整理する！　91

A：上期決算後の 10 月開始のほうが、関連部署へのヒアリングに協力を
　　得やすい。
B：営業本部と生産本部で、プロジェクト参加メンバーの選定に時間を
　　要しているため、10 月開始のほうが無理がない。

「結論、なぜなら A だから」「結論、なぜなら B だから」という Why So? の
関係が成り立っています。逆に、A がいえるなら結論、B がいえるなら結論
という So What? の関係も成り立っています。構造ボックスの縦方向に、報
告内容を So What?（結論）と Why So?（理由）に分けることができますね。

✉「プロジェクト」に着目して切り口を考える

　問い 3 の解説です。2 層目の 2 つのボックス同士の関係が、相手にとって
説得力を持つものになるように、MECE を"ものさし"にして考えましょう。

　理由の A と B は重ならない内容になっています。書き漏らした検討結果は
ないようなので、まずは重なり・漏れがないことは確認できます。

　その上で、2 つの理由の切り口を、MECE の切り口の 3 タイプを念頭に考
えましょう。3 タイプとは「要素分解」「ステップ」「対照概念」ですが、ど
れが使えるでしょうか。

　プロジェクトを進めるとき、「活動の内容」と「それに必要なリソース」は
常にセットで、対にして考えておきたいものです。対照概念を応用する発想
に立つと、プロジェクトの「活動」（理由 A）と「体制作り」（理由 B）とい
う切り口があるでしょう。

　ステップを応用すれば、プロジェクトの「準備段階」（理由 B）と「活動ス
タート後」（理由 A）とすることもできます。

　理由を、ただ 2 つ示すよりも、MECE を活用した切り口とともに示したほ
うが、読み手に検討の広がりを理解してもらうことができます。

【解答例】

問い: プロジェクトの開始時期をどうするのか？

プロジェクトは、当初の予定どおり10月に開始する。前倒しはしない。

活動の面で
上期決算後の開始のほうが、ヒアリングについて社内関連部署の協力を得やすい。

推進体制の面で
営業本部と生産本部ではプロジェクト参加者の選定に時間がかかっているため、10月開始のほうが無理がない。

例題 3-5【本論】新ボイスメール

> 今回のボイスメール・システム刷新にあたっては、部内説明会の実施をはじめ、ご配慮いただき、ありがとうございました。
> 当部では、先週「新ボイスメール FAQ 集」をイントラネットに掲示しました。部下のみなさんが FAQ 集を活用するように、指導をお願いいたします。
>
> > FAQ 集は導入に先立って行った研修でみなさんから実際に受けた質問と答えをまとめたものです。
> > しかし、新システムの操作方法やマニュアルについて社内各部署から当部に多くの電話問い合わせが来て、接続に時間がかかってしまい、みなさんをお待たせすることになっています。その中には、FAQ 集に網羅されているものが少なくありません。
> > また、多くの電話に対応するため、当部では個々の質問に十分な時間をとりにくくなっているのが実情です。FAQ 集の活用によって電話が絞り込まれると、個々の問い合わせにより質の高いサポートをご提供できます。
> > そこで、FAQ 集を活用してくださいますよう、ご協力をお願いいたします。

【設問】

このメールは、第 2 章の「例題 2-2」で取り上げたものです。冒頭の 4 行は「例題 3-2」で考えた導入部の解答例です。導入部に続く本論(点線内)を、構造ボックスを使って構成してください。

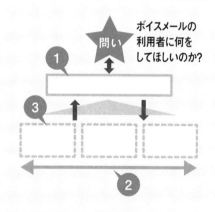

問い1 ▶ 結論を一番上のボックスに入れよう。

> ヒント Lesson 3 を見直して、質問に対する答えの So What? になるようにしよう。

問い2 ▶ 結論に対して Why So? を示す要素の切り口を考えよう。

> ヒント Lesson 5 を見直して、MECE を活用しよう。

問い3 ▶ Why So? を示す要素を 2 層目のボックスに入れよう。

> ヒント Lesson 6 を見直して、必要なものを端折らずに書こう。

【解説】

第2章の例題2-2で、このメールのテーマは「ボイスメールの FAQ 集の活用についてのお願い」、期待する反応は「（ボイスメールを使っている部門の）各部課長に、部下に FAQ 集を活用するように指導してほしい」と確認しました。ここでは、依頼の結論と理由を構造ボックスで構成します。

理由の要素が羅列ぎみのこのケースでは、結論→2層目ボックスの切り口→2層目の中身の順で進めます。

☑ 質問に対して So What? をはっきりさせる

まず問い1の解説です。「ボイスメールの利用者に何をしてほしいのか？」という質問への答えが、最後の1文にあることは、すぐにわかるでしょう。

> A：FAQ 集を活用してほしい。
> B：電話で問い合わせる前に、FAQ 集を活用してほしい。

結論として、よりふさわしいものは A、B のどちらでしょうか。

考えたい点は、結論は、質問への答えの So What? だということです。言い換えれば、一番上の結論のボックスに依頼の要点までとり出しておきたいのです。「電話問い合わせの前に」が要点ですので、B のほうが適切です。A は、もう一歩 So What? を抽出することが大事です。そうすれば導入部の繰り返しにもなりません。

☑ メリットに着目して Why So? の切り口を先に考える

問い2は、理由をどのような切り口で分けるか、すなわち構造ボックスの2層目のボックスの切り口を MECE を活用して考えます。まず材料をしっかり確認します。

> ・FAQ 集は研修でみなさんから受けた質問と答えをまとめたもの。
> ・操作方法などについて社内各部署から電話での問い合わせが多い。
> ・接続に時間がかかって、みなさんを待たせている。

第3章　頭の中を「構造ボックス」で整理する！　95

- FAQ 集に網羅されている問い合わせが少なくない。
- 個々の質問に十分な時間をとりにくくなっている。
- FAQ 集の活用によってより質の高いサポートを提供できる。

　MECE は、目的志向の視点を忘れずに使うことが大事です。この場合は、依頼事項「電話問い合わせ前に FAQ 集を活用する」を受け入れてもらえるように、利用者へのメリットが浮かび上がる切り口を探します。

　要素分解・ステップ・対照概念の 3 つの切り口のタイプを念頭に、どれを応用したらメリットをグループ化できるかを見ていきます。

　時間や質というものに着目すると、対照概念「効率」「効果」を応用して、「時間効率」「得られるサポートの質」でメリットをグループ化できそうです。この 2 点なら、メリットを偏りなく、しかも簡明に分けることができるでしょう。

- 効率面でのメリット　→　受け手の時間節約の面
- 効果面でのメリット　→　受け手が得られるサポートの質向上の面

　切り口がわかると、ボックスをどう説明するか、内容も見えてきます。

✉ Why So? を具体的に説明する

　問い 3 は、設定した切り口のもと、構造ボックスの 2 層目に説明を入れます。結論に対して Why So? と聞かれたら、どう説明するか。その中身です。

　電話で問い合わせる前に FAQ 集を使うことが、どう時間節約やサポートの質向上につながるかがわかるようにします。

　このとき、Lesson 6 で述べたように、メリットの中身を第三者が読んでも聞いてもわかるように、端折らずに言語化することが大事です。

【解答例】

問い：ボイスメールの利用者に何をしてほしいのか？

電話で問い合わせる前に、FAQ集を読んでほしい。

みなさんの時間節約の点で

電話での問い合わせが多いため、接続に時間がかかっている。問い合わせの多くはFAQ集に載っているので、問い合わせ前に読めば、みなさんの時間節約になる。

サポートの質向上の点で

電話での問い合わせが多いので、当部では個々の回答に十分時間をかけられない。FAQ集の活用で電話が絞り込まれると、より質の高いサポートを提供できる。

例題 3-6【本論】シラバス作成

アルファカレッジのシラバス作成時期となりました。
受講者の声をふまえて、シラバス書式の改訂案を作りましたので、提案します。
今週中にご承認いただければ、ありがたいです。

〈和田さんの考え〉

現状のシラバスについて、研修受講者アンケートで「研修内容をつかみにくい」との声が散見される。具体的には、講座の特徴や具体的な内容がシラバスではわからなかった、との声が多い。実際、シラバスを精査すると、「研修内容」欄は特に研修の要点が不明瞭なものが多い。作成する講師によって内容がまちまちな上、情報羅列気味のものが目立つ傾向にある。
「研修内容」欄は、「研修のねらい」「内容や進め方の特徴」「プログラム概略」に分けるとよさそう。加えて、「受講者の声」欄を設けて、受講者の感想を伝えて研修のイメージを持ちやすくする。これによって、講座の全体観と特徴が伝わるシラバスの書式になるのではないか。

【設問】

これは、第2章の「例題 2-3」で取り上げたものです。上の3行は「例題 3-3」で考えた導入部の解答例です。導入部に続く本論を、〈和田さんの考え〉に基づいて、構造ボックスを使って構成してください。

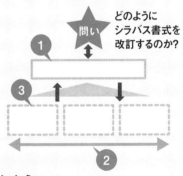

問い1 ▶ 結論を一番上のボックスに入れよう。

　　ヒント Lesson 3 を見直して、質問に対する答えの So What? になるようにしよう。

問い2 ▶ 結論に対して Why So? を示す要素の切り口を考えよう。

　　ヒント Lesson 5 を見直して、MECE を活用しよう。

問い3 ▶ Why So? を示す要素を2層目のボックスに入れよう。

　　ヒント Lesson 6 を見直して、必要なものを端折らずに書こう。

【解説】

例題 3-3 では、和田さんから上司の山浦マネージャー宛のメールの導入部を、テーマ「シラバス書式の改訂の提案」と、期待する反応「その承認」が伝わるように作りました。改訂案のファイルが添付されているという設定です。

目的志向、スピード志向のメールにするために、添付ファイルを開く前に、提案の方向性がわかる説明にしておきたいものです。その説明を考えましょう。

✉ 添付ファイルを開く前に、改訂案の So What? を伝える

問い1の解説です。構造ボックスの一番上のボックスに入る結論は、テーマに対する質問への答えです。

例題 2-3 で、テーマ「シラバス書式の改訂の提案」を「どのようにシラバス書式を改訂するのか？」という質問の形に変えました。この質問を意識して、〈和田さんの考え〉を見てみると、「研修受講者アンケートで『研修内容をつかみにくい』との声が散見される」とあります。また、「講座の全体観と特徴が伝わるシラバスの書式になるのではないか」とあることから、質問への答えが浮かび上がります。

> 受講者の声「シラバスでは研修内容をつかみにくい」に対応するため、シラバス書式を改訂したい。

さらにもう一歩、So What? を具体的につかめるように、〈和田さんの考え〉にある「研修内容」欄と「受講者の声」欄に言及してはどうでしょう。

> 受講者の声「シラバスで研修内容をつかみにくい」に対応するため、シラバス書式を改訂したい。研修内容欄の変更と受講者の声欄の新設である。

この結論なら、これだけを読んで山浦マネージャーは添付ファイルの中身についてイメージを持つことができるでしょう。

メールの原文（例題 2-3）、「添付のファイルの案のように改訂したい」は、

構造ボックスの一番上の結論不在の状態といえるのです。

✉ 改訂案を説明するための切り口を考える

次に問い2の解説です。結論を支える構造ボックスの2層目をグループ化して、その切り口を示します。Why So? は、この場合、具体的には？という関係にします。

このケースは、結論で示した「研修内容欄の変更」「受講者の声欄の新設」を切り口にすればよいでしょう。

改訂ポイントは、2つ「既存書式の何かを変更する」「既存書式に何かを加える」があり、それらを要素分解的に1つずつ、2層目ボックスで展開するということです。

いま使っている書式の改訂の方法を、MECE を使って考えると、何かを変更・新たに加えるのほかに、「既存書式の何かを削除する」もあり得ます。〈和田さんの考え〉を見ると、「削除」するものは今回ないようです。

・既存書式の何かを変更する　→　研修内容欄の変更
・既存書式に何かを加える　　→　受講者の声欄の新設
・既存書式の何かを削除する　→　今回はなし

「削除」のポイントは本当になしかどうかを検証して、「変更」「新設」を切り口にする。このように MECE を使えば、提案の内容自体の適切さも確認できるでしょう。

✉ 改訂案を具体的に説明する

問い3の解説です。「研修内容欄の変更」と「受講者の声欄の新設」という切り口のもとで、構造ボックスの2層目の中身を考えましょう。

留意したいのは2点。1つは、変更と新設の内容が具体的にわかるように説明すること。もう1点は、改訂によって、研修内容をつかみやすいシラバスになることがわかるように、結論を支えることです。

このケースのように添付ファイルの内容が複雑でない場合は、メールは導入部→結論→結びで構成すれば OK です。

ただし、添付ファイルの内容が複雑な場合は、構造ボックスの3層目の内容まで書く必要はないか、自問してください。読み手が、添付ファイルをじっくり読む前に、何を確認、承認すればいいのかをいち早くつかむことができれば、それは相手の時間を考慮した、スピード志向のメールです。

【解答例】

研修内容欄の変更	受講者の声欄の新設
「研修内容」欄を「研修のねらい」「特徴」「プログラム概略」に分ける。現状は、内容が不統一、かつ情報羅列気味なので、3点を明示して研修の全体像を示すようにする。	継続講座について、「受講者の声」欄を設ける。実際に受講した社員の感想を共有することで、研修の特徴・中身のイメージを持ちやすくする。

例題 **3-7【本論】シラバス作成（応用）**

> アルファカレッジのシラバス作成時期となりました。
> 受講者の声をふまえて、シラバス書式の改訂案を作りましたので、提案します。
> 今週中にご承認いただければ、ありがたいです。

〈和田さんの考え〉

現状のシラバスについて、研修受講者アンケートで「研修内容をつかみにくい」との声が散見される。具体的には、講座の特徴や具体的な内容がシラバスではわからなかった、との声が多い。実際、シラバスを精査すると、「研修内容」欄は特に研修の要点が不明瞭なものが多い。作成する講師によって内容がまちまちな上、情報羅列気味のものが目立つ傾向にある。

「研修内容」欄は、「研修のねらい」「内容や進め方の特徴」「プログラム概略」に分けるとよさそう。加えて、「受講者の声」欄を設けて、受講者の感想を伝えて研修のイメージを持ちやすくする。これによって、講座の全体観と特徴が伝わるシラバスの書式になるのではないか。

【設問】

これは、「例題 3-6」の応用です。第 2 章の「例題 2-3」の提案メールは、2 つの質問に答えるように構成することもできます。本論を、〈和田さんの考え〉に基づいて、構造ボックスを使って整理してください。

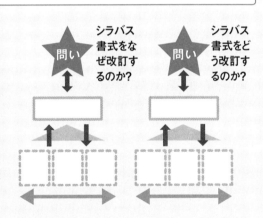

問い1▶ 1つめの構造ボックスを作ろう。

ヒント 結論のみ読んで、なぜ改訂するのかを納得できるようにしよう。

問い2▶ 2つめの構造ボックスを作ろう。

ヒント 内容が1つめの構造ボックスと重ならないように、どのように改訂するのかを納得できるようにしよう。

【解説】

ここまでは、1つの構造ボックスでメールの本論を構成しました。しかし、強調したい点が複数あるときには、それらを際立たせるように、複数の構造ボックスで構成することもできます。

✉ 読み手の関心事が際立つように、質問を分ける

シンプルな構造の例題3-6では、結論で改訂の背景である受講者の声にも言及しました。しかし、山浦マネージャーが、ここに至る経緯を知らない、あるいは理由を重視するタイプなら、背景（なぜ改訂するのか？）と改訂の方向（どのように改訂するのか？）と2つ質問を立てることを考えましょう。

A：提案の背景　→　なぜ改訂するのか？

B：改訂の方向　→　どのように改訂するのか？

2つの質問に結論を用意して、それぞれを構造ボックスで整理することで、背景も改訂の方向も、So What? が際立ちます。

✉ 答えにメリハリをつける

ただし、構造ボックスが複数になれば、1つのときよりも、全体の構成は複雑になります。そのため、特にメールや短く仕上げる文書、短時間の口頭説明では、構成のメリハリが重要です。具体的には、構造ボックスによって、一番上の結論だけ説明するのか、2層目のボックスまで説明するのかを考えるということです。

このメールは、改訂案を承認してもらうためのものなので、メール上では、Aの構造ボックスは結論のみ、Bは2層目まで説明することにします。

では、問い1の解説です。「なぜ改訂するのか？」への答えを、これまでと同様に、構造ボックスの上から下に組み立てます。2層目を説明しなくても、読み手に「どういうこと？」「具体的には？」「本当？」と疑問を残さないように「結論」を充実させましょう。

第3章　頭の中を「構造ボックス」で整理する！　103

> シラバスについて、受講者アンケートで、研修内容がつかみにくいとの
> 指摘がある。実際、記載が作成者によって不統一、羅列の傾向がある。

　この結論は、和田さんが受講者の指摘の妥当性を確認したことを示唆しています。2～3行で伝えられれば、読むのに時間はかからないでしょう。

　2層目は、メールには書きませんが、結論で示した「受講者の指摘」「確認した実態」を切り口に、その中身を展開します。

✉ 2つの答えが重複していないことを確認する

　次に、問い2の解説です。2つめの質問「どのように改訂するのか?」に答える構造ボックス、1つめの構造ボックスの内容と重なりが出ないように構成します。

　2つめの質問への答えは、次のようにしてはどうでしょうか。

> 講座の全体観と特徴が的確に伝わるように、研修内容欄の変更と、受講
> 者の声欄の新設を行いたい。

　2層目のボックスの切り口は、例題3-6で設定したものが使えますね。

> ・既存書式の何かを変更する　→　研修内容欄の変更
> ・既存書式に何かを加える　→　受講者の声欄の新設

　このケースでは、2つの構造ボックスの一番上の網かけされた2カ所が、本論の So What? を示しています。この2つのボックスの内容が山浦マネージャーに伝えていきたい要点です。

【解答例】

「質問―結論のボックス―２層目のボックス」という構造ボックスの形が、頭の中に浮かぶようになったなら、So What?/Why So?、MECE に慣れてきたということです。これからの練習問題で、構造ボックスにより馴染み、組み立て方を体得しましょう。日々受け取るメール・文書・話を、構造ボックスに照らして読み、聞くこともよい訓練になります。

練習問題 3-5 【本論】社内便

> お疲れ様です。
> 社内便による書類・資材の速やかな移動のため、ご協力をお願いします。
> 最近、社内便伝票の記載に漏れがあるケースが増え、どこに配布したらよいかを確認することに時間がかかっています。
> 特に、本社から事業所宛のものに、部署名の記載漏れが目立ちます。また、当担当では先月新人パートさんが増えましたので、記載が不正確ですと、仕分けに時間がかかってしまう状況です。

【設問】

このメールは、第2章「練習問題 2-1」で取り上げたものです。冒頭2行は「練習問題 3-1」で考えた導入部の解答例です。この導入部に続く本論（点線内）を、構造ボックスを使って構成してください。

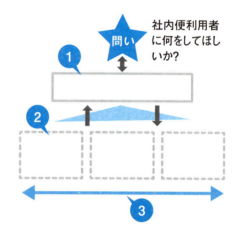

問い1 ▶ 結論を一番上のボックスに入れよう。

問い2 ▶ 結論を支える要素を、2層目のボックスに入れよう。

問い3 ▶ 2層目の要素に漏れや重なりがないことを確認して、切り口を明示しよう。

練習問題 3-6【本論】電話システムの切り替え

> 4月10日（月）から、新しい電話システムに切り替えます。問い合わせへの対応案をご報告します。問題点や検討事項などあれば、ぜひご指摘ください。
>
> 今後は以下の問い合わせの増加が想定されます。
>
> --
>
> ①新たな電話機器の操作・機能に関するもの
> ②更新したボイスメール・システムに関するもの
>
> --
>
> ①も②も、ヘルプデスクへの問い合わせも受けますが、基本事項についてはイントラネット上にアップする「マニュアル」「FAQ」をチェックするように全社に通達します。（3月20日付け）
> ②に関しては、今回、新たなオプション機能がついていますが、その設定が煩雑で、問い合わせの中心はこの点になると想定されます。具体的には、メッセージの誤送信防止機能などですが、これらには、ヘルプデスクでしっかり対応するようにします。
> このため、10日（月）〜21日（金）のコアタイムはヘルプデスクを1名増員します。
> なお、問い合わせ内容をふまえて、FAQは改訂する予定です。

【設問】

このメールは、第2章「練習問題 2-3」で取り上げたものです。冒頭2行は「練習問題 3-3」で考えた導入部の解答例です。この導入部に続く本論（点線内）を、構造ボックスを使って構成してください。

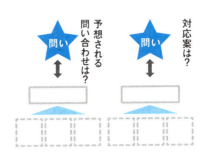

問い1 ▶ 1つめの構造ボックスを作ろう。

問い2 ▶ 2つめの構造ボックスを作ろう。特に、2層目ボックスの切り口に気をつけよう。

問い3 ▶ 一番上の結論のボックス2つに報告のSo What?が示されていることを確認しよう。

練 習 問 題 3-7 【本論】 勤続表彰式

お世話になっております。
さっそくですが、12/7（金）に永年勤続者の表彰式を行います。
営業第 1 部の表彰対象者の確認をお願いしたく、ご連絡しました。
ご協力をお願いいたします。

勤続 30 年、20 年に該当するみなさんを表彰する予定です。そこで、ABC 人事総務サービスに、各部門の対象者を洗い出すように作業を依頼させていただいていますが、貴部については下記該当者が存在するかどうか確認することができていません。
勤続 30 年：1987 年 1 月〜 12 月入社
勤続 20 年：1997 年 1 月〜 12 月入社
つきましては、お忙しい中、恐縮ですが、対象者についてご確認いただけないでしょうか。
※対象は当社における在籍年数が、出向期間も含めて通算で対象になる、上記入社です。
お手数ですが、表彰式の準備の都合上、8 月 23 日（金）までに、調べていただけますと幸いです。

【設問】

このメールは、第 2 章「練習問題 2-2」で取り上げたものです。冒頭の 4 行は「練習問題 3-2」で考えた導入部の解答例です。この導入部に続く本論を、構造ボックスを使って構成してください。

前提：「A. 依頼の背景は？」「B. 依頼の内容は？」「C. いつまでに？」という質問各々について構造ボックスを作りたい。

問い 1 ▶ A 〜 C 各々の構造ボックスを作ろう（2 層目が不要なものもあり得る）。

問い 2 ▶ B の結論のボックスに、依頼内容の So What? が示されていることを確認しよう。

練習問題 3-8 【本論】QC 表彰式

2017 年度の QC 活動の表彰会が、既報のように来週 24 日（月）9:00 から本社大会議室で行われます。東都研修所での前泊に関する留意点をご連絡しますので、確認をよろしくお願いいたします。

・東都研修所には、23 日（日）23 時までに入館してください。23 時が門限ですので、これ以降は入館できません。
・23 日（日）夜は食事を済ませて入館していただくか、購入したものを研修所で食べるときには食堂で食べてください。
・24 日（月）朝も、各自朝食を済ませて、本社にお越しください。
　→研修所で食事の用意はありません。
【持参品】
ID カードは必携です。また、洗面用具、タオル、寝巻も持参してください。研修所にはありません。
※ご参考〈本社へのアクセス〉
① JR を利用する場合
　研修所から阿佐ケ谷駅まで徒歩 10 分。阿佐ケ谷駅から JR 中央線で東京駅まで約 25 分。東京駅から本社まで徒歩 5 分。
②地下鉄を利用する場合
　研修所から南阿佐ケ谷駅まで徒歩 3 分。南阿佐ケ谷駅から丸ノ内線で大手町駅まで約 35 分。大手町駅から本社まで徒歩 2 分。
　→約 40 分です。朝はラッシュで電車が遅れがちなため、余裕をもって移動してください。

【設問】

このメールは、第 2 章「練習問題 2-4」で取り上げたものです。冒頭の 3 行は「練習問題 3-4」で考えた導入部の解答例です。この導入部に続く本論を、構造ボックスを使って構成してください。

前提：「A. 研修所の入館は？」「B. 食事は？」「C. 持参品は？」「D. アクセスは？」という質問各々について構造ボックスを作りたい。

問い 1 ▶ A 〜 D の構造ボックスを作ろう（2 層目が不要なものもあり得る）。

問い 2 ▶ D の結論のボックスに、アクセスに関する連絡の So What? が示されていることを確認しよう。

第3章　頭の中を「構造ボックス」で整理する！　109

練 習 問 題 **3-9【本論】海洋性コラーゲン**

【状況設定】

基礎研究部の山本さんは、美容サプリメントの素になる海洋性コラーゲンを抽出する技術開発に取り組んでいます。研究の努力が実り、吸収がよいコラーゲンを効率よく抽出する技術について、目処がつきつつあります。今後は、この技術が商品化のための条件を満たすものになるように検討する計画を立てています。そこで、海洋性コラーゲンの商品化に関心を持っている商品開発部の斉藤マネージャーに、次の2点を確認したいと考えています。

・どのような商品に海洋性コラーゲンを活用できそうか？

・海洋性コラーゲンを活用する際の安全性、コストなどを、どう考えているか？

【導入部】

いつも貴重な情報を共有していただき、ありがとうございます。

さっそくですが、今、研究中の海洋性コラーゲンの可能性について、ぜひ斉藤さんにお話を伺いたい点があり、ご連絡しました。

ご都合を教えていただければ、大変ありがたいです。

急なお願いで恐縮ですが、ご協力をお願いいたします。

【設問】

これは、第2章「練習問題2-6」で取り上げた状況設定と斉藤マネージャーへの依頼メールの導入部の例です。この導入部に続く、本論の内容を、構造ボックスを使って構成してください。

問い1 ▶ 斉藤マネージャーから期待する反応を引き出すために、不足する情報があるだろうか？ あれば何か？

問い2 ▶ 練習問題3-7での前提を参考に、3つの構造ボックスを作ろう（2層目が不要なものもあり得る）。

問い3 ▶ 作成した構造ボックスには、斉藤マネージャーが行動するための情報が十分あるだろうか？

練 習 問 題 3-10 【本論】調理機器の入れ替え

【状況設定】
総務部の児玉さんは、社員食堂の厨房エリアの調理機器の入れ替えについて、機器メーカーの加藤さんにメールで連絡することになりました。以下のリストは、メールの内容を整理するために書いたものです。
・先日提出してもらった見積もりについて連絡。
・ガスオーブンは、パワー 12.3kW のものに変更してもらう。
・機器入れ替えのための作業日数を 2 日から 1.5 日に短縮。
・作業内容には、すべての機器の稼働チェックを含める。
・10 月 20 日（金）までに、見積もりを再提出してもらう。
・入れ替えは、2 月 10 日（土）～ 11 日（日）、もしくは、2 月 17 日（土）～ 18 日（日）で行う（加藤さんには伝え済み）。
・12 月 11 日（月）の週に、搬入経路と設置場所の事前確認をしてもらう。
・予定は後日、加藤さんと相談して決める。

【導入部】
大変お世話になっております。
弊社社員食堂の厨房機器について、先日は見積もりのご送付、ありがとうございました。
検討の結果、再見積もりのお願いと、今後の予定のご連絡をしたく、メールを差し上げました。
お手数をおかけいたしますが、ご対応をどうぞよろしくお願いいたします。

【設問】

これは、第 2 章「練習問題 2-7」で取り上げた状況設定と導入部の例です。この導入部に続く本論の内容を、構造ボックスを使って構成してください。

問い１ ▶ 導入部の下線部に注目して、状況設定の情報を２つに分けよう。

問い２ ▶ 分けた情報をもとに、２つの構造ボックスを作ろう。

問い３ ▶ 一番上の結論のボックス２つが、このメールの So What? になっていることを確認しよう。

第 3 章　頭の中を「構造ボックス」で整理する！　111

チャレンジ問題 3-1 【本論】部員の不満の背景

【状況設定】
- 当部では海外事業の拡大に伴い、翻訳すべき書類が急増している。
- そこで、外部の翻訳会社と契約し、翻訳を外注するようになった。
  管理担当が、部員と翻訳会社の間の窓口になり、翻訳外注を管理している。
- 先ごろ、部員から管理担当に対して、
  ・翻訳に誤訳が目立つ
  ・直訳で意味を把握しにくく、そのままでは外部に出せないものがある
  ・訳す必要のない略語まで訳し、かえって意味不明になっている
  との不満が相次いだ。
- 翻訳会社から納品された書類を精査したところ、部員の指摘どおり、翻訳の質
  が低いのは事実と考えてよいようである。

【設問】

この問題では、メールから離れて、構造ボックスの作り方を練習してみましょ
う。状況設定にあるように、翻訳会社に依頼した翻訳の質に部員から不満が
出ています。あなたは上司から「部員の不満の背景にある問題点は何か」を
報告するように指示を受けました。問題点を整理するために、調査を実施し
たところ、次のことが明らかになりました。

【調査で明らかになった内容】
①当社と翻訳会社は、翻訳対象の質・量に応じて、希望納期の何日前に翻訳を依
　頼するべきか、という翻訳依頼に関するルールを設けている。
②翻訳時間が短いため、翻訳者は、当社書類に多い特殊な用語や内容に関する検
　討、および翻訳後のプルーフリードに十分な時間をかけることができていな
　い。
③当社は、翻訳納品後に社内の声を吸い上げ、現状の問題点や対応策を明らかに
　する、といった翻訳の質を向上させるためのモニター活動を行ってこなかっ
　た。
④当社は、翻訳納品後に翻訳会社に対して、翻訳の質を高めてもらうために部員
　の声をフィードバックしていない。また、翻訳会社のニーズもつかんでこな
　かった。

⑤翻訳者が翻訳を終えた後、通常は、翻訳会社内の第三者が最終チェックを行って、誤訳や不適切な訳を修正する。しかし、納期が迫っているので、最終チェックが徹底されていない。

⑥高スキルの翻訳者は、直近の予定が埋まっている。そのため、納期直前に依頼した場合、翻訳会社は、仕事を高スキルの翻訳者に割り振ることができず、スキルが高くない翻訳者に回している。

⑦翻訳依頼に関するルールが当部部員の間で十分に周知されていないため、ルールに反して希望納期の直前に依頼をする部員が多くなっている。

構造ボックスを使って、報告内容を構成してください。①〜⑦は、構造ボックスの3層目の要素です。なお、2層目と3層目のボックスの数は、3つ前後を念頭に考えてください。図はあくまでも参考例です。

問い1 ▶ ①〜⑦を、MECEを活用して3つ前後にグループ化して、2層目ボックスの切り口（図のA、B、Cに相当）を考えよう。

問い2 ▶ 2層目のボックス内に、3層目の要素のSo What?（結局、何なのか?）を入れよう。その内容にWhy So?（なぜ、そう言えるのか?）と質問したら、3層目の内容になることを確認しよう。

問い3 ▶ 2層目のボックスの要素から、質問「部員の不満の背景にある問題点は何か?」に答えるとどうなるのか、So What? を結論のボックスに入れよう。それにWhy So? と質問したら2層目の内容になることを確認しよう。

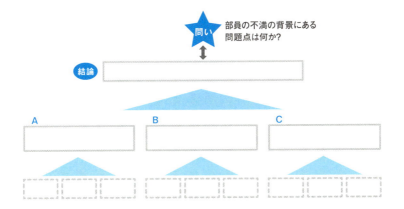

第3章 頭の中を「構造ボックス」で整理する！　113

チャレンジ問題 3-2 【本論】顧客 A さんへのヒアリング

残念ながら、今、私はお宅のオペレーターには不満があります。ブルースカイさんは、「オペレーターはあなたのショッピング・サポーター」がキャッチフレーズですよね。でも、実態はどうでしょうねぇ。「これ！」と思って注文したものが品切れの場合、「代わりに、このお品はいかがですか？」とか、「いつごろにはご用意できています」と案内してくれればいいのに、「あいにく欠品中です」と言うだけ。自らサポートするふうではありません。それに、どのくらい透ける生地かといった素材感や、大きめ・小さめといったサイズ感など、微妙な点はカタログではわかりませんよ。意見を求めているのに、何かアドバイスしてくれても面倒くさそうだったり、「感じ方は人によって異なりますので」と言ってアドバイスをくれなかったり……。要するに、ショッピング・サポーターにふさわしい、お客をサポートしようという気持ちが足りないのでは？　もちろん、すぐにショッピング・サポーターになれなくても、せめて「商品番号△と□の生地と色は同じもの？」とか、「商品番号○の着丈はどのくらい？」など、洋服を買うために必要な、素材、サイズ、色といったことを確認しようとしても、すぐに答えが返ってきません。また、セールなどのプロモーションの予定や次のカタログの発行時期などを尋ねても同じ。「少々お待ちくださいませ」と言って、電話の向こうで確認しているようです。つまり、商品・販売知識がオペレーターの頭の中に入っておらず、基本的なことを尋ねても満足な回答をすぐ得ることができません。ブルースカイさんの商品は確かに質が良いと思います。オペレーターにもそれにふさわしくレベルアップしていただきたいと思います。

【設問】

これは、コールセンターに寄せられた顧客 A さんの声です。A さんの不満のポイントを上司に報告するために、構造ボックスを使って、結論とそれを支える要素に整理してください。

問い1 ▶ 質問を設定しよう。

問い2 ▶ A さんの声を、MECE を活用して3つ前後にグループ化して、2層目のボックスの切り口を考えよう。

問い3 ▶ グループ化した内容をさらに MECE を活用して、3層目のボックスの切り口を考えよう。

問い4 ▶ 質問に答えることを念頭に、3層目・2層目・一番上のボックスの内容を、上下に So What?/Why So? の関係になるように入れよう。

第4章【視覚化】

「見てわかる」ように書く！

メッセージが速く正確に伝わる書き方

Lesson

1 「飛ばし読み」でも正確に伝わる書き方を覚える

強化ポイント▶ 構成を視覚化する方法

✉ 見てわかるように書いて、期待する反応を引き出す

　ここまでは、速く正確に伝わるメールを書くための準備と、メッセージの構成を練習してきました。ここからは、構成内容を「表現」する方法をメールを使って練習します。

　ここでいう表現とは「見てわかるように書く＝視覚化する」ということです。じっくり読み始める前の読み手が、パッとひと目見ただけで「このメールにはこんな内容が、こんな順番に書いてある」「ここが要点だ」とメッセージ全体を見渡せるように表していきます。

　届いたメールを開いて、「これを読み込むのは大変。後にしよう」と思ったり、「さて、肝心なことはどこに書いてあるんだろう」と悩んだりしたことはありませんか。

　読み手にそう思わせないためには、メールをパッと見た瞬間に「全部くまなく読まなくても、こことここに重要な情報がある」とわかることが大事です。込み入った相談や依頼のメールのときはなおさらです。

　そうすることで、読み手は「すぐに読もう」という気持ちになるでしょう。それが結果として読み手の速い反応を引き出し、メールの案件を速く進めることにつながっていきます。

✉ 文章から構造ボックスが見えるように書く

　パッとメールを見ただけでメッセージ全体の構成がわかり、So What?（結局、何なのか？）という要点だけを飛ばし読みすることができる──それが「構成を視覚的に示す」表現です。

　第3章で解説した「導入部→本論→結び」というメッセージの流れが、相手から見ても「ここが導入部、ここから本論、ここが結び」とわかるようにすることは大前提です。

ポイントは、本論について、構造ボックスで整理した、縦と横の関係が見えるようにすることです。

　構造ボックス自体は、頭の中で考えたり、下書きしたりという思考整理の過程で使うものです。実際に構造ボックスそのものをメールに書くわけではありません。そこで、構造ボックスの縦や横の関係性を「見えるように」視覚化するわけです。

　構造ボックスを視覚化するために役立つのが、この章の Lesson 3〜5 で解説していくスペースや記号、見出し、文頭の統一といった表現のコツや工夫です。

　右下の図は、構造ボックスを視覚化して文章化した場合のイメージです。

　まず導入部で「テーマ」と「期待する反応」がわかります。そして、結論とA、B、Cのバーだけ先に飛ばし読みできるようになっています。

　この図は3層目まである構造ボックスですが、メールは基本的に2層目までの形です。階層の数を問わず、視覚化の方法は共通で使えますので、身近なメールで練習をしてぜひ身につけていきましょう。練習を重ねると、頭の中に構造ボックスを描きつつ、メール・文書を作成できるでしょう。

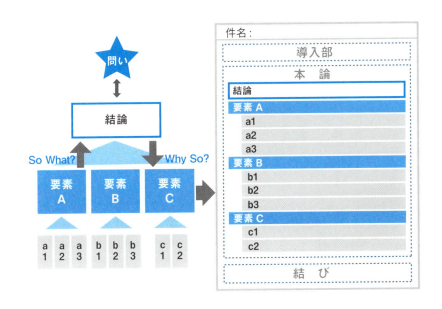

第4章　「見てわかる」ように書く！　117

Lesson 2 So What? 先出しが原則

強化ポイント ▶ 構造ボックスは上から下の順で書く

✉ 本論では結論をいちばん上に書く

　構造ボックスで構成した本論は、いちばん重要な「結論」を先に書き、その下に2層目のボックスの内容（理由・解説）を記述するのが原則です。

　例えば、メールの導入部に「本日のA社との面談を報告します。ご確認をお願いします」と、テーマと期待する反応を示します。すると読み手は、「面談は結局、どうなったのか？」「報告のポイントは何？」と考えるでしょう。

　そこで、導入部のすぐ下、本論の始まりの部分に結論「面談報告のポイントはこれ」を配置するわけです。そうすれば、テーマとそれへの So What?（結局、何なのか？）を示す結論の位置が近いので、端的です。

　速く伝えることが重要な場面では、ライティングか口頭かにかかわらず、テーマと結論の位置を近づけるように工夫をしましょう。構造ボックスの形どおりに、本論は結論から下に、So What? 先出しで展開します。

　構造ボックスの内容を伝えるとき、もちろん、So What? を最後に示したほうがよいこともあります。例えば、相手の人にも考えてもらいながら結論

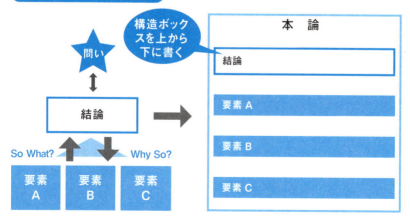

1つの問いに答えるケース

に導きたいプレゼンテーションや、最初に結論では退屈になる読み物。これらは、So What? を最後に、のほうが効果的でしょう。

しかし、速く仕事を進めるためのメッセージは、So What? 先出しにします。私たちビジネス・パーソンが書くメールや、ほとんどのビジネス文書、そして多くの口頭説明は、So What? 先出しが適しています。

✉ 半分の量を読めば要点がわかる

第3章で練習したように、メールは簡明な2層目までの構造ボックスで構成することが基本です。例えば、「A社との面談の結果は？」「相談したい懸念ポイントは？」というように、答えるべき質問が2つある場合は、下の図のように2つの構造ボックスで整理してあるはずです。このときも、それぞれの構造ボックスを「So What? 先出し」で展開します。

このように、それぞれの質問への結論がグループの冒頭に書かれていれば、結論1、結論2だけを飛ばし読みしやすくなります。導入部を含めても全体の半分くらいの量を読めば、まずはメールの要点をつかむことができます。

さらに、これから解説する視覚化のコツを使えば、どこを飛ばし読みすればいいのかが、パッと見てわかるようになります。

相手の時間を犠牲にすることなく、速く正確にこちらの意図を伝える書き方は、ビジネス・パーソンに求められる重要なスキルなのです。

2つの問いに答えるケース

第4章 「見てわかる」ように書く！ 119

Lesson

3

視覚化のコツ①
スペース&記号を活用する

強化ポイント▶構造ボックスの形を表す

✉ 上下のスペースで導入部・本論・結びを明確にする

メッセージは「導入部・本論・結び」の流れで展開します。メールを開いたときに、この3つを視覚的に、しかも明確に区切るために気をつけたいものが、「上下のスペース」です。

導入部が終わったら、1行空けてから本論を書き始め、同様に本論が終わったら、また1行空けて結びを書くということです。導入部、本論、結びの区切りに空白の1行というスペースを設けることで、本文が3つのセクションに分かれていることが視覚的にわかります。

✉ 記号を使ってグループの数を示す

本論では、構造ボックスの縦横の関係性を読み手に示す「記号」を活用します。

巻頭サンプルメールのメールでは、「●」と「・」の記号を使っています。「●」は、「進捗報告」と「納品後、クイック・チェックのお願い」という2つのテーマを際立たせています。伝えたいことが大きく2つにグループ化されていることがわかります。

そのすぐ下には、それぞれのSo What?（結局、何なのか？）が書かれています。構造ボックスの一番「上」にある結論です。ここだけ読めば、要点がわかります。

そして結論の下に、Why So?（なぜ、そう言えるのか？）を示す理由が「・」のもとで示されています。これらは構造ボックスの2層目ですので、構成したときにMECEを活用してグループ化した数に分かれています。

このように、必ず読んでもらいたい最重要点には「●」、追加情報が必要なときに読んでもらいたいものには「・」というように、文頭につける記号によって階層の違いがわかるように書かれていますね。

もちろん記号は、「●」と「・」でなくてもかまいません。「●」と「・」のように、階層の上下を相手が見てわかるようなものを使うとよいでしょう。

✉ 文頭のスペースで階層を表す

さらに階層の違いをはっきりさせるのに効果的なのが、行頭のスペースです。「行頭に余白を作る」ことで「So What?/Why So?」の関係がより視覚化される上、すっきり感も出て「何階層の構造で書いているのか」が読み取りやすくなります。

巻頭サンプルメールでは、2層目の「・」の前に少し余白をとっています。「●」でグループ化された説明が2層の構造であることを見てとりやすく、見ただけではっきりと伝わるのです。

**上下の
スペース**

記号

**行頭の
スペース**

資料翻訳の進捗報告とお願い事項をお送りします。
ご確認とご対応をお願いします。

● 進捗報告
　当資料の翻訳版を8日(水)のプレゼンで使うことができます。
　・ 本日10時に、原稿を翻訳エージェントに渡し済みです。
　・7日(火)17時に、翻訳版が本郷宛に届きます。
● 納品後、クイック・チェックのお願い
　7日(火)17時をめどに、翻訳チェックの時間をとっていただきたく、お願いします。
　・納品後直ちに、翻訳ファイルをメールでお送りします。
　・修正がありましたら、8日(水)9時までにご指示ください。
　・それを反映させて、プレゼン用の配布分を用意します。

第4章　「見てわかる」ように書く！　121

Lesson

4 視覚化のコツ②
見出しを付ける

強化ポイント▶メッセージの構成と要点を際立たせる

✉ 本論の構成を明示する

スペースや記号とともに、構造ボックスを視覚化する上で欠かせないのが、効果的な「見出し」です。

ここで言う見出しとは、本論をいくつにグループ化しているのかを示す「項目」のことです。

例えば、巻頭サンプルメールの改訂メールには、「●」の部分に「進捗報告」「納品後、クイック・チェックのお願い」という２つの見出しがあります。

このケースでは、導入部で「進捗報告とお願い事項をお送りします」と説明したので、このように見出しを付けることで、読み手は迷いなく、メッセージの構成をつかめます。

導入部と見出しで構成をつかめれば、読み手の読む気が高まるのです。

✉ 飛ばし読みには見出しが必須

メッセージの全体を示す見出しを「●」のように視覚的に際立つ記号とともに使うと、その部分が目立ちます。そのため、例えば、サンプルメールの「7日（火）17時」のように、文章中に埋もれさせたくない情報は、見出しのすぐ下に置くと効果的です。導入部から依頼事項の期日を示すのは気が引ける、しかし、目立たせたい場合には、見出し＋記号の効果を使いましょう。

さらに、見出しを付けておくと、「●」が２つ、３つとある場合、「気になるところから読む」「関心のある情報から読む」ことが可能です。例えば、依頼メールの中に、「●お願いしたいスケジュール」といった見出しがあれば、依頼の中身もそこそこに、スケジュールから見ようと考える人もいるでしょう。

見出しがないと、全体の構成がわからない

- 当資料の翻訳版を8日(水)のプレゼンで使うことができます。
  - 本日10時に、原稿を翻訳エージェントに渡し済みです。
  - 7日(火)17時に、翻訳版が本郷宛に届きます。
- 7日(火)17時をめどに、翻訳チェックの時間をとっていただきたく、お願いします。
  - 納品後直ちに、翻訳ファイルをメールでお送りします。
  - 修正がありましたら、8日(水)9時までにご指示ください。
  - それを反映させて、プレゼン用の配布分を用意します。

見出しがあると、全体の構成がわかる

- 進捗報告

  当資料の翻訳版を8日(水)のプレゼンで使うことができます。
  - 本日10時に、原稿を翻訳エージェントに渡し済みです。
  - 7日(火)17時に、翻訳版が本郷宛に届きます。
- 納品後、クイック・チェックのお願い

  7日(火)17時をめどに、翻訳チェックの時間をとっていただきたく、お願いします。
  - 納品後直ちに、翻訳ファイルをメールでお送りします。
  - 修正がありましたら、8日(水)9時までにご指示ください。
  - それを反映させて、プレゼン用の配布分を用意します。

　読み手が重要と考える情報を選んで、それをまず読めるということも、相手の時間を尊重したスピード志向には必要ですね。

　あなたは十数行も続くメールを、見出しなしの状態で送っていませんか。見出しを付けることは、報告と依頼に分ける、背景と相談に分ける、連絡事項を主要項目に分けるなど、グループ化の訓練でもあります。ぜひ実践してください。

Lesson

5

視覚化のコツ③
文頭で切り口を示す

強化ポイント▶並列する記述の関係を表す

✉ 羅列に見えないように文頭を工夫する

　視覚化の最後のポイントは各要素の切り口の見せ方、つまり、構造ボックスの2層目の関係をパッと見てわかるように書くということです。

　巻頭サンプルメールの改訂メールでは、報告のSo What?（結局、何なのか？）を支える2つと、お願いのSo What?を支える3つに「・」が付けられています。Why So?（なぜ、そう言えるのか？）を示す要素です。

　ここで大事なのは、並んでいる「・」の要素が単なる羅列ではなく、整理されていることを、読み手にも見せることです。その工夫が、「・」の文頭（書き始め）に切り口を示すというアプローチです。読み手にWhy So?の理解を促すためです。

　文例AとBの「・」の付いた要素の文頭を比べてみましょう。内容的にはどちらも同じですが、Bのほうが、読み手は「8日に使える」の理由や「チェッ

【文例A】

> **文頭が
> バラバラ**

> ● 進捗報告
> 当資料の翻訳版を8日（水）のプレゼンで使うことができます。
> ・翻訳エージェントに原稿を本日10時に渡し済みです。
> ・翻訳版が本郷宛に届くのは、7日（火）17時です。
> ● 納品後、クイック・チェックのお願い
> 7日（火）17時をめどに、翻訳チェックの時間をとっていただきたく、お願いします。
> ・部長宛に翻訳ファイルをメールで納品後直ちにお送りします。
> ・8日(水)9時までに部長からの修正のご指示をお願いできればと存じます。
> ・用意する配布分には、部長のご指示を反映させます。

クのお願い」の中身をスムーズにつかめるのではないでしょうか。それは、Bは文頭の切り口が揃っていますが、Aは文頭がバラバラだからです。

✉ 文頭にMECEの切り口を置く

では、何を基準にして文頭を揃えればいいのでしょうか。ここで改めて思い出してほしいのが、第3章のLesson 5で解説したMECEの3つの切り口のタイプ、「要素分解」「ステップ」「対照概念」です。

もう一度Bを見てください。報告は「本日10時に」→「7日（火）17時に」という時間、お願いは「納品後直ちに」→「修正がありましたら」→「それを反映させて」という手順でステップを活用した切り口です。

Bは、パッと見てステップの中に重なりや、大きな漏れがなければ、「おおよそよさそうだ」と相手に理解してもらいやすいわけです。ところが、Aのほうは切り口が示されていないので、Bと同じ中身でも羅列に見えて、すべてを読まなければ、理解しにくくなっています。

厳密なMECEである必要はありません。何となく「・」を並べるのではなく、MECEを"ものさし"に使って、並べ方のルールや視点がわかるようなことばを文頭に置こうということです。

構造ボックスを作るまでではないが、いくつかの記述を並列してメモにするといったときも、文頭を意識すると相手の理解を促します。

【文例B】

文頭に切り口がある

●進捗報告
当資料の翻訳版を8日（水）のプレゼンで使うことができます。
・本日10時に、原稿を翻訳エージェントに渡し済みです。
・7日（火）17時に、翻訳版が本郷宛に届きます。
●納品後、クイック・チェックのお願い
7日（火）17時をめどに、翻訳チェックの時間をとっていただきたく、お願いします。
・納品後直ちに、翻訳ファイルをメールでお送りします。
・修正がありましたら、8日（水）9時までにご指示ください。
・それを反映させて、プレゼン用の配布分を用意します。

第4章 「見てわかる」ように書く！　125

Lesson

6 「見てわかる」は 文書でも同じ

強化ポイント▶**構成の視覚化を習慣にする**

✉ ビジネス文書もメッセージの「基本の型」で書く

構成を視覚化して「見てわかる」ように書くことは、メールに限らず報告書や提案書など、ビジネス文書にも広く活用できるアプローチです。

内容が複雑で情報量も多い文書ほど、飛ばし読みでも正確に伝わる書き方が有効です。

伝わるビジネス文書は、次の2つが重要です。

> ・導入部と結論だけで、概要がわかる
> ・結論に対する理由や具体的な解説をすぐにつかめる

構造ボックスを視覚化して書くことで、この2つを満たす文書になります。右の例で見てみましょう。ここまで練習したあなたならわかるように、これは3層目まである構造ボックスに基づく文書で、チャレンジ問題3-1の解答例の1つです。

冒頭の①は導入部、構造ボックスの一番上の結論は②、2層目は③④⑤、3層目が「・」のところに並んでいます。

この書き方なら、読み手はまず、件名と①から、「翻訳外注に関する問題点の報告」を「確認」すればよいこと（テーマと期待する反応）を把握できます。すぐ下の②を見れば、確認すべき結論として「依頼・翻訳・納品後の各段階で問題がある」ことがわかります。問題点が3つにグループ化されていることは、記号「●」や見出しで見て取れます。その要点を知りたければ、③④⑤を飛ばし読みもできますし、詳しく知りたいなら「・」を読みます。

このように、メッセージの肝心な部分を、速く正確に受け取ってもらえるでしょう。これは第1章で見た、こう伝えたらメッセージは伝わりやすいという「基本の型」なのです。

Check2
「期待する反応」がわかる

Check1
「テーマ」がわかる

翻訳書類に関する問題点の報告

翻訳外注に対する不満の背景にある問題点を報告します。次回週次ミーティングで対応を検討しますので、事前にご確認お願いします。

● 部員の不満の背景にある問題点

翻訳外注サービスは、依頼・翻訳・納品後の各段階に問題があることがわかりました。具体的には、当社からの依頼が納品直前なために、翻訳段階で最善の対応ができていません。また、納品後のフォローの仕組みもありません。

① ②

●翻訳依頼の問題点

当部部員は、翻訳依頼に関するルールに反して、希望納期までのリードタイムが短い翻訳依頼をするケースが多い。

③

Check3
「グループ」が3つある

- 依頼のルール：当社と翻訳会社との間で、翻訳対象の質・量に応じて、希望納期の何日前に翻訳を依頼するべきか、というルールを設けている。

- 依頼の実態：翻訳依頼に関するルールが当部部員の間で十分に周知されていないため、ルールに反して希望納期の直前に依頼をする部員が多くなっている。

Check4
要点がわかる

●翻訳作業の問題点

納期直前の依頼によって、スキルが高くない人材が当社の案件を担当する、また翻訳や最終チェックも不十分になる、という問題が生じている。

④

- 翻訳者の選定：高スキルの翻訳者は、直近の予定が埋まっている。そのため、納期直前の依頼の場合、翻訳会社は、仕事を高スキルの翻訳者に割り振ることができず、スキルが高くない翻訳者に回している。

- 翻訳：翻訳時間が短いため、翻訳者は、当社書類に多い特殊な用語や内容に関する検討、および翻訳後のプルーフリードに十分な時間をかけることができていない。

- 最終チェック：翻訳者が翻訳を終えた後、通常は、翻訳会社内の第三者が最終チェックを行って、誤訳や不適切な訳を修正する。しかし、納期が迫っているので、最終チェックが徹底されていない。

●納品後の問題点

当社では、社内のモニター活動や、翻訳会社への情報共有という、翻訳の質を継続的に高めるための仕組みが不在となっている。

⑤

- 社内のモニター：当社は、翻訳納品後に社内の声を吸い上げ、現状の問題点や対応策を明らかにするといった翻訳の質を向上させるためのモニター活動を行ってこなかった。

- 翻訳会社との情報共有：当社は、翻訳納品後に翻訳会社に対して、翻訳の質を高めてもらうために部員の声をフィードバックしていない。また、翻訳会社のニーズもつかんでこなかった。

………

Check5
日本語が「具・簡・論・好」を満たしている

→ 第5章

全体像　準備　構成　**視覚化**　表現

第4章　「見てわかる」ように書く！　127

例題 4-1 【視覚化】業務改善プロジェクト

問い：プロジェクトの開始時期をどうするのか？

プロジェクトは、当初の予定どおり10月に開始する。前倒しはしない。

活動の面で
上期決算後の開始のほうが、ヒアリングに社内関連部署の協力を得やすい。

推進体制の面で
営業本部と生産本部ではプロジェクト参加者の選定に時間がかかっているため、10月開始のほうが無理がない。

【設問】
これは第3章の「例題3-4」で考えた構造ボックスの解答例です。この構造ボックスの内容を、文章形式で、構成を視覚化する工夫をして記述してください。

ヒント Lesson 2、Lesson 3、Lesson 5 を確認しよう。

【解説】

　構造ボックスは、第3章で学んだように、結論とそれを支える要素（理由・解説）を論理的に構成するためのツールです。メールを含む文書は文章形式なので、ボックスの内容を正確に速く伝わる文章で表記する方法を身につけることが大事です。実際に書き直してみましょう。

✉ 上→下で So What? 先出し

「So What? 先出しの原則」を実践して、構造ボックスの頂点にある結論から、上→下の順で記述します。

　これによって、たとえ相手が忙しくて全部を読んでいる時間がなくても、冒頭の結論だけは伝わる可能性が高まります。結論を書いたらその下に、Why So?（なぜ、そう言えるのか？）を示す理由を記述します。

> プロジェクトは、当初の予定どおり10月に開始する。前倒しはしない。
> 上期決算後の開始のほうが、ヒアリングに社内関連部署の協力を得やすい。
> 営業本部と生産本部ではプロジェクト参加者の選定に時間がかかっているため、10月開始のほうが無理がない。

　ちなみに、例題 3-4 のメール原文は、構造ボックスの内容が下→上、So What? 後出しで書かれていました。構造ボックスではわかっているつもりでも、書いた文章が下→上の流れになっていては、速く正確に伝わるメールになりません。その傾向がある人は、上→下、So What? 先出しの原則を徹底しましょう。

✉ スペース・記号で結論と理由を示す

　次は、第三者がこの記述を見たときに、最初の2文が結論、後の2つの文はその理由だとわかるように、スペースと記号を活用します。理由の部分の文頭に1文字分のスペースを空けた上で、例えば「・」のようなシンプルな記号を付けると、階層の違いや並列する理由2つが視覚的にはっきりします。

第4章　「見てわかる」ように書く！　129

今回のプロジェクトは、当初の予定どおり 10 月に開始します。開始の前倒しはいたしません。

・上期決算後に開始するほうが、ヒアリングに社内関連部署の協力を得やすくなります。

・営業本部と生産本部でプロジェクト参加者の選定に時間がかかっているため、10 月開始のほうが無理がありません。

✉ 切り口を見せると、より速く伝わる

次に、より速く伝わるようにするために、並列する「・」の記述の冒頭に切り口を示しておきます。

切り口が、重なりや、大きな漏れがないよう、MECE を活用して考えられていれば、読み手の納得感もより高まります。

【解答例 1】

今回のプロジェクトは、当初の予定どおり 10 月に開始します。開始の前倒しはいたしません。

・<u>プロジェクト活動の面で</u>、上期決算後に開始するほうが、ヒアリングに社内関連部署の協力を得やすくなります。

・<u>推進体制の面では</u>、目下、営業本部と生産本部でプロジェクト参加者の選定に時間がかかっています。このため、10 月開始のほうが無理がありません。

下線部が 2 つの理由の切り口です。前ページの例に比べて、書き手の視点をつかみやすくなったのではないでしょうか。

「・」の記述の内容が複雑なとき、あるいは並列する「・」の数が増えたときほど、切り口の表示が大事になります。このケースでは、切り口を次のようにプロジェクトのフェーズで考えることもできます。

【解答例2】

> 今回のプロジェクトは、当初の予定どおり10月に開始します。開始の前倒しはいたしません。
>
> ・<u>目下の準備段階において</u>、営業本部と生産本部でプロジェクト参加者の選定に時間がかかっています。このため、10月開始のほうが無理がありません。
>
> ・<u>キックオフ後を考えても</u>、上期決算後に開始するほうが、ヒアリングに社内関連部署の協力を得やすくなります。

　口頭で説明する際には、「切り口」を聞き手に示すことを意識していくと、聞き手を迷子にさせない説明ができるようになります。

例題 4-2 【視覚化】新ボイスメール

件名：新ボイスメールに関する問い合わせの件

部課長各位

今回のボイスメール・システム刷新にあたっては、部内説明会の実施をはじめ、ご配慮いただき、ありがとうございました。

さて、当部では、「新ボイスメール FAQ 集」を作成し、先週イントラネット上に掲示いたしました。

FAQ 集は導入に先立って行った研修でみなさんから実際に受けた質問と答えをまとめたものです。

しかし、新システムの操作方法やマニュアルについて社内各部署から当部に多くの電話問い合わせが来て、接続に時間がかかってしまい、みなさんをお待たせすることになっています。その中には、FAQ 集に網羅されているものが少なくありません。

また、多くの電話に対応するため、当部では個々の質問に十分な時間をとりにくくなっているのが実情です。FAQ 集の活用によって電話が絞り込まれると、個々の問い合わせにより質の高いサポートをご提供できます。

そこで、FAQ 集を活用していただきますよう、ご協力をお願いいたします。

ボイスメール担当　広尾 久

【設問】

このメールは、第 2 章「例題 2-2」で取り上げたものです。第 3 章「例題 3-2」と「例題 3-5」をふまえて、メール全文を、記号やスペースなど、構成を視覚化する工夫をして書き直してください。必要があれば件名も付け替えてください。

ヒント　第 4 章の Lesson を総復習してみよう。

【解説】

　この例題のメールは、第２章では「書く前の準備」のテーマと期待する反応の確認、第３章では導入部・本論の要素や構成を練習しました。ここでは、その内容を復習しながら、文章として表記しましょう。

✉ 〈導入部〉４行の中にテーマと期待する反応を示す

　導入部の必須要素は、「テーマ」と「期待する反応」です。これに、読み手への感謝や配慮を示すあいさつを加えたものが、メールの冒頭の導入部になります。

　例題3-2では、このメールはあいさつはあっても、導入部の必須要素がないことを確認して、導入部を作りました。

　あいさつの後、長くても４行以内で「テーマ」と「期待する反応」を書くとコンパクトな導入部になります。導入部の後を１行空ければ、「ここまでが導入部」と読み手に伝えることができます。

> 今回のボイスメール・システム刷新にあたっては、部内説明会の実施をはじめ、ご配慮いただき、ありがとうございました。
> 当部では、先週「新ボイスメール FAQ 集」をイントラネットに掲示しました。部下のみなさんが FAQ 集を活用するように、指導をお願いいたします。

　導入部とセットで見直したいのが件名です。何に関連する「お願い」かが件名からわかるように表記しましょう。

> 件名：新ボイスメールの FAQ 集活用のお願い

✉ 構造ボックスの内容を記述する

　例題3-5では、依頼内容を So What?（結局、何なのか？）と Why So?（なぜ、そう言えるのか？）で整理をして、結論と理由を構造ボックスで構成しました。この内容を、パッと見てわかるように文章形式で書き直してみま

第４章　「見てわかる」ように書く！　133

しょう。

ポイントは、例題 4-1 でも練習した「So What? 先出し」「スペースと記号」「切り口」に、「見出し」を加えた 4 点です。

まず、So What? 先出しの原則に沿って、構造ボックスの要素を結論から、上→下へ記述します。このとき、結論の上に、「ここからが本論です」と読み手に示すように、次のような見出しを立てておくとよいでしょう。

> ●部課内で徹底していただきたいポイント

次に、スペースと記号を使って、結論の下に 2 つの異なる理由があることを「見てわかる」ように示しましょう。

例えば、2 つの記述の理由の文頭を 1 文字分右にずらして余白をとり、「・」を置けば、この 2 つが同じ階層であることを明示できます。

そして「切り口」。例題 3-5 では、2 層目のボックスには、結論に対する理由として利用者のメリットを 2 つ挙げました。「時間の節約」「サポートの質の向上」という切り口で分けたので、これを「・」の先頭に置きます。効率と効果両面での理由であることを明示できるでしょう。その際、「〜のために」と表現しておけば、読み手にとってのメリットであることがはっきりし

> ●部課内で徹底していただきたいポイント
> 新しいボイスメールの操作方法やマニュアルの内容について、当部に多くの電話問い合わせが来ています。電話に先立ち、FAQ集をぜひお読みください。
> ・みなさんの時間節約のために：
> 　電話問い合わせが多いため、回線接続に時間がかかっています。FAQ集を問い合わせ前に読んでいただければ、みなさんの時間節約になります。
> ・サポートの質向上のために：
> 　多くの電話問い合わせをいただき、当部では個々の回答に十分な時間をとりにくくなっています。FAQ集の活用で電話が絞り込まれると、より質の高いサポートを提供できます。

て、読む気を引き出せるのではないでしょうか。

「導入部」と「本論」を読めば、「依頼されているのは、電話の前にFAQ集を活用するように部下に伝えること」「メリットは2つ」であることが伝わります。

改訂前のメールと比べると、導入部では目的が、本論ではSo What?とWhy So?の関係が速く伝わります。

✉ 〈結び〉あいさつで配慮を示す

最後にはあいさつを書きます。「忙しい中、お手数をおかけします」「ご協力をよろしくお願いします」など、相手に配慮を示しましょう。対応をお願いしたいというニュアンスも伝わり、期待する反応を確認することにもなります。

【解答例】
書き替え例は、179ページに掲載してあります。

第4章　「見てわかる」ように書く！　135

例 題 4-3【視覚化】シラバス作成

件名：アルファカレッジのシラバスの件

山浦マネージャー
お疲れ様です。

（点線枠内：空欄）

多くの受講者参加に結びつけたいと考えています。
お手数をおかけしますが、よろしくお願いします。
和田

【設問】
このメールは、第2章の「例題2-3」で取り上げたものです。第3章「例題3-3」「例題3-6」をふまえて、点線の枠内を、構成を視覚化する工夫をして書いてください。必要があれば件名も付け替えてください。

ヒント これまでの Lesson を総復習してみよう。

【解説】

点線枠内に、あいさつ以外の導入部の要素と本論を書く練習です。

✉ 〈件名と導入部〉キーワードは「提案」「承認」

まず、件名と導入部です。第2章例題2-3と第3章例題3-3で解説したように、テーマは「提案」、期待する反応は「承認してほしい」です。件名にも「提案」というキーワードを示すことが大事です。

> 件名：アルファカレッジのシラバス書式改訂の提案

導入部では、「提案」と「承認」という必須要素を説明します。ファイルを添付してあることと、なぜいま提案するかを、4行以内に収まることを目安に述べておくといいでしょう。

> アルファカレッジのシラバス作成時期となりました。受講者の声をふまえて、シラバス書式の改訂案を作りましたので、提案します。詳しくは添付ファイルをご確認ください。今週中にご承認いただければ、ありがたいです。

✉ 〈本論①〉提案の内容のSo What?を書く

「添付ファイルを見てくれ」で終わらせずに、読み手が添付ファイルを開く前にその大枠をつかめるようにする──。このように考えて、例題3-6では、提案の内容を構造ボックスで整理しました。そのボックスの構成が視覚的に見てとれるように記述すればよいわけです。

まず、So What? 先出しです。その際、「見出し」と「記号」を付けておくと、「ここから本論」ということが読み手にもはっきりと伝わるでしょう。

```
●シラバス改訂のポイント
受講者アンケートの声「シラバスでは研修内容をつかみにくい」に対応
できるように、シラバス書式を2点改訂したい。研修内容欄の変更と受
講者の声欄の新設である。
```

　添付ファイルが複雑なものでなければ、この結論のみを書き、2層目のボックスは書かなくてよいでしょう。

✉ 〈本論②〉スペースと記号、切り口を活用する

　結論に対して具体的にどう改訂するかという2層目ボックスを書く場合は、「・」を付けて、文頭を1文字分右にずらして余白を入れましょう。

　2層目の切り口は、例題3-6では、MECEを活用して、「既存のものを修正する→研修内容欄の変更」「新しいものを作る→受講者の声欄の新設」と2つにしましたね。これを文頭に加えておきます。

- 「研修内容」欄の変更：
  同欄を「研修のねらい」「特徴」「プログラム概略」に分ける。現状は、内容が不統一、かつ情報羅列気味なので、3点を明示して研修の全体像を示すようにする。
- 「受講者の声」欄の新設：
  継続講座について、「受講者の声」欄を設ける。実際に受講した社員の感想を共有することで、研修の特徴・中身のイメージを持ちやすくする。

この本論に先ほど作成した「導入部」を合わせれば、山浦マネージャーは、メール本文を読むだけで、添付ファイルを開く前に、どう改訂しようとしているかを把握できるでしょう。

✉ 「導入部→本論→結び」の流れは崩さない

ここまで「導入部→本論→結び」という流れに沿って、速く正確に伝わるメールを書くための記述方法を練習しました。

例題3-7では、本論を2つの構造ボックスで構成しました。「導入部→本論→結び」の流れと、構造ボックスを視覚的に記述する方法は、例題4-1〜4-3と同じなので、ぜひ挑戦してください。

練 習 問 題 4-1 【視覚化】QC 表彰式

〈本社へのアクセス〉

① JR を利用する場合

研修所から阿佐ケ谷駅まで徒歩 10 分。阿佐ケ谷駅から JR 中央線で東京駅まで約 25 分。東京駅から本社まで徒歩 5 分。

②地下鉄を利用する場合

研修所から南阿佐ケ谷駅まで徒歩 3 分。南阿佐ケ谷駅から丸ノ内線で大手町駅まで約 35 分。大手町駅から本社まで徒歩 2 分。

→約 40 分です。 朝はラッシュで電車が遅れがちなため、余裕をもって移動してください。

【設問】

これは、第 2 章「練習問題 2-4」と第 3 章「練習問題 3-8」で取り上げたメールの一部です。この内容を、So What? 先出しで、構成を視覚化して書き直してください。

解答の参考 **184 ページ**

140

練習問題 4-2 【視覚化】ママさん社員・イクメン社員の支援策

> 当社の支援策は以下のとおり。
>
> ● ┌──────────────┐
>
> ママ・イクメン社員が、育児やそれに関する仕事・生活の悩みを社内の先輩ママ・パパに、業務とは切り離して相談できる「メンター制」を設計する。メンター向け研修や制度のモニター方法など、運用面の仕組みも立案する。(1ヵ月)
>
> ● ┌──────────────┐
>
> 若手ママ・イクメン社員が多い本社管理部門において、設計した仕組みの実効性を、パイロット活動を進めて検証する。必要があれば、仕組みに改善を加えていく。(3ヵ月)
>
> ● ┌──────────────┐
>
> 検証・改善した仕組みを、メンター制度の利用を希望する社員を対象に、全社で展開していく。(2ヵ月)

【設問】

これは、子育て中の社員の支援策の骨子について記述しようとしているものです。次の2つの問いに答えて、構成を視覚化した記述を完成させてください。ちなみに、右の図は、この文章を構造ボックスで表したものです。

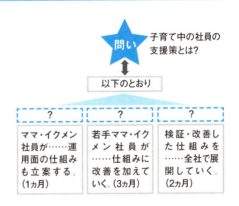

問い1 ▶ 3つの「●」のある点線枠内に、グループ化の切り口を入れよう。

問い2 ▶ 冒頭の点線枠内に、「子育て中の社員の支援策とは？」に答える結論を、So What? がわかるように、「以下のとおり」を使わずに書こう。

練習問題 4-3 【視覚化】X社の状況

> 顧客は、高機能・高品質に加え、デザイン性・希少性も備えた高価なハイエンド品を求める層と、最小限の機能の廉価なローエンド品を求める層とに二極化している。こうした市場において、ハイエンド、ローエンドの位置づけが明確な製品を出しているメーカーが成長しているが、当社は、耐久性や機能性では定評はあるものの、ハイエンドでもローエンドでもない中途半端な製品との評価を市場から受けて売上げが下降している。このように、市場の二極化に対応した競合が成長する中で、X社は市場変化に対応できないため、売上げが下降している。

【設問】

これは、X社の状況を記述したものです。この内容を So What? と Why So? がパッと見てわかるように書き替えるために、次の2つの問いに答えてください。

問い1 ▶ この内容を、構造ボックスを使って整理するとどうなるだろうか？

問い2 ▶ その構造ボックスをもとに、構成を視覚化した文章形式に書き替えよう（導入部と結びは不要）。

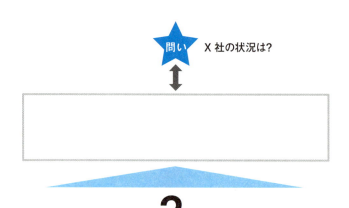

練習問題 4-4 【視覚化】主要なチーム会議の概略

1. キックオフ会議 （コンサルティング開始時）	2. 定例ミーティング （毎週金曜日）	3. レビュー会議 （コンサルティング終了時）
コンサルティング全体の目的と進め方、およびチーム全員の役割を確認するために行う。マネージャー、担当者、およびアシスタントが参加者であり、チームワークを円滑に発揮できるように、必ず全員が集まって実施すること。	コンサルティング業務が適切に進むように、各担当者の作業内容を共有し、必要があれば軌道修正することを目的に行う。参加者はマネージャー、担当者。出張者がいる場合には、電話会議システムを活用する。	一連のコンサルティング業務を、コンサルティングの内容、および進め方の両面で振り返り、改善点を洗い出す。マネージャー、担当者、およびアシスタントが参加する。必ず全員参加で、コンサルティング終了後1週間以内に実施する。

【設問】

あなたの所属部署では、顧客企業へのコンサルティング・サービスを、マネージャー・担当者・アシスタントがチームを組んで提供しています。あなたは、新入メンバー向けに、「主要なチーム会議」の概略を理解してもらうためのメモを作成しようと考えています。上記の各会議に関する情報をもとに、次の2つの問いに答えてください。

問い1▶ 作成するメモでは、3つの問いに答えるものとする。各問いへの答えを構造ボックスの形にするとどうなるだろうか？

問い2▶ その構造ボックスの要素を、構成を視覚化した文章形式で記述しよう。

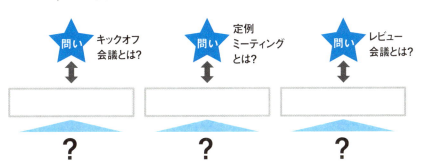

第4章 「見てわかる」ように書く！ 143

練習問題 4-5 【視覚化】社内便

問い: 社内便利用者に何をしてほしいか?

結論: 社内伝票には、発送人と受取人の名前・部署名を正確に記入してもらいたい。

利用者の問題
社内便の伝票について、最近、記載漏れが多発している。特に、本社から事業所に送る資材について、部署名の記載漏れが目立つ。

担当者の問題
当担当では、記載漏れ箇所の確認をしているが、新人パートさんが増えたこともあり、確認に時間がかかっている。結果、資材の滞留時間が長くなっている。

【設問】

これは、第3章の「練習問題3-5」で作成した構造ボックスの一例です。この構造ボックスをふまえて、メール全文の構成を視覚化して文章形式で記述してください。

解答の参考 181ページ

練習問題 4-6 構成の視覚化

【設問】

練習問題3-6〜3-10で扱ったメールと、練習問題2-5で扱ったメールの全文を構成を視覚化して文章形式で記述してください。

解答の参考 182〜187ページ

練 習 問 題 4-7【視覚化】顧客 A さんへのヒアリング

結論

スキルに関する不満

姿勢に対する不満

商品知識の面　販売知識の面　品切れ時の対応　相談事項への対応

【設問】

この構造ボックスは、第3章の「チャレンジ問題3-2」の顧客Aさんの不満のポイントを構成するための構造ボックスで、各階層の切り口の例のみ示しています。これを参考に、「Aさんの不満は何か？」の答えを、文章形式でわかりやすく視覚化して記述してください（導入部と結びは不要）。

第4章　「見てわかる」ように書く！　145

第5章【日本語表現】

具・簡・論・好で伝わる力がアップする！

伝わるメッセージを支えることばの使い方

Lesson

1 いつもの "なんとなく" の 日本語表現で大丈夫？

強化ポイント▶具・簡・論・好を満たす

✉ 速く正確に伝わる、かつよい印象を残す

　第4章では、わかりやすくて論理的で、しかもパッと見てわかるという構成を視覚的に見せる表現について解説しました。

　伝わるメールを書くための「表現」には、視覚化のほかにもう1つ大事な要素があります。それが日本語表現です。

　ここで言う日本語表現とは、単に流暢で美しい表現ではありません。速く、正確に、しかも読み終わった後で読み手に好印象を残すためのことば選びや文の書き方という意味での「日本語表現」のことです。

　書く前の準備、わかりやすく論理的な構成、構成を視覚化した表現——。こうした点を実践してメールを書いたつもりでも、ことばの選び方や文の書き方が適切でないという理由で読み手に伝わらないのは、何とももったいないと思いませんか。

　また、何気なく使った表現が読み手の気分を損ねてしまい、相手がメッセージをきちんと読んでくれない、すぐに期待する反応をする気分にならないといった状況になってしまうのも、もったいないですね。

　読み手が「これはどういう意味？」というストレスを感じずに読み進むことができて、しかも「すぐに返事を出そう」「よし、協力しよう」と好意的に受け止めてもらえる——この章では、そんな日本語表現について解説していきましょう。

✉ 具体性・簡潔さ・論理性・好感度の4拍子を揃える

「正確に伝える」を支え、相手に好印象を与える日本語表現のために重要視したいポイントは「具体性」「簡潔さ」「論理性」「好感度」の4点です。略して「具・簡・論・好」。この4つをバランスよく満たした表現が、ビジネス・コミュニケーションで身につけて使っていきたい日本語表現の基本です。

- <u>具体性</u>：読み手と書き手が同じイメージを持てるように、So What? をあいまいさなく表現する。
- <u>簡潔さ</u>：読み手が立ち止まらずに、速く意味をつかめるような文を作る。
- <u>論理性</u>：前後の記述の接続の関係が明確になるように表現する。
- <u>好感度</u>：相手への敬意と、書き手の当事者意識が読み取れるように表現する。

あなたが日ごろ何気なく使っていることばや言い回しは、この4つを満たしているでしょうか。「なんとなくこう書くのが習慣になっている」「いつもの言い回しを踏襲して書いている」——このような人は、改めて、普段自分が書いているメールを「具・簡・論・好」4つの観点からチェックしてみてください。

リーダーの方なら、自分自身のものだけでなく、チームメンバーのメールや文書を指導する際の参考にもなるはずです。

では、次ページからのLessonで、「具・簡・論・好」の各ポイントについて詳しく解説していきます。

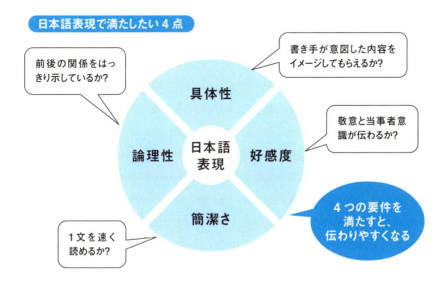

日本語表現で満たしたい4点

Lesson

2 [具体性]
So What? をことばにする
強化ポイント▶相手と同じイメージを共有する

✉ 「以下のとおり」の中身を言語化しているか？

「具体性」を備えた表現とは、あいまいさがなく、書き手と読み手が同じ内容をイメージできる表現のことです。人によって受け止め方が異なる表現では、お互いの解釈に齟齬が生じて仕事が進まない可能性もあります。

普段何気なく使っているフレーズの中に、実は具体性を損なっているものがあります。よくあるのが「以下のとおり」「次のとおり」という表現です。

これは、ある定例会議の報告の抜粋です。

多様化推進プロジェクトでは、4月から、ワーキング・マザー対象の「メンター制」を開始する。
・新たな施策として、ワーキング・マザーが仕事・生活上の悩みを、育児経験者の社員に気軽に相談できる「メンター制」を展開する。
・進め方としては、4月からワーキング・マザーが多い部署で試行した上で、7月に全社展開する。

多様化推進プロジェクトでは、4月から、以下のとおりの取り組みを開始する。
・新たな施策として、ワーキング・マザーが仕事・生活上の悩みを、育児経験者の社員に気軽に相談できる「メンター制」を展開する。
・進め方としては、4月からワーキング・マザーが多い部署で試行した上で、7月に全社展開する。

両方とも「・」の記述は同じです。違うのは最初の1文です。前者は「メンター制の開始」という結論（So What?）が示されていますが、後者では結

論が「以下のとおり」に置き換えられています。

これでは、読み手が結論を理解するには「以下のとおり」の下に並列された要素をすべて読まなければなりません。

1文の長さだけを見れば後者のほうが短いのですが、「速く正確に伝わる」という意味で軍配が上がるのは前者ということになります。

「以下のとおり」「次のとおり」といった表現を使うのは、「具体的なことは、この後を最後まで読めばわかります」と言っているのと同じことです。これでは、読み手の時間のロスを考えていない表現になってしまいます。

速く正確に伝えるためには、「以下のとおり」「次のとおり」の中身を具体的に明示することが重要です。

✉ 体言止めで省略したものを読み取れるか？

一般的によく使われているけれど、実は具体性を損なっている表現はほかにもあります。記述を名詞形で終える「体言止め」もその1つです。

> ワーキング・マザー対象のメンター制の開始
> 事業所内のペーパーレス化の推進

一見、短くてよいように思えますが、具体性という意味では大きな問題があります。

ワーキング・マザー対象のメンター制の開始——これだけでは読み手は「これから開始する」のか、「すでに開始した」のか判別できません。

事業所内のペーパーレス化の推進——これだけでは「推進すると決めた」のか、「推進したい」という要望なのか判別できません。

なぜなら、記述が名詞の形で終わっているために、「どうするのか」「どうしたのか」という述語の部分が省略されているからです。これでは読み手は想像するしかなく、伝え手の意図と違う認識をしてしまう恐れがあります。

読み手が解釈に迷う余地があるなら、「開始」ではなく「開始します」、「推進」ではなく「推進を検討する」など、「何を、どうした（どうする）」「何が、どうなった」まで明示しましょう。それが、送り手の意図を具体的に読み手に伝えるための土台となります。

Lesson

3 [簡潔さ]パッと見て 意味をつかめるように書く

強化ポイント▶1文を読みやすくする

✉ 1文は50〜60字までを目安にする

　スピード志向を重要視するビジネスメールや文書では、読み手がスムーズにサクサク読めるような簡潔な表現も重要になります。そのための最も簡単なチェックポイントが「1文の長さ」です。

　読みにくくて何が書いてあるのかわからない文の多くは、「1つの文が長すぎる」ことに原因があります。

　適切な長さで区切らずにダラダラと書かれた文は、主語や述語、目的語といった文法構造が見えにくくなります。そのため読み手は、読みながら「このことばはどこにかかるのか」「この文の主語は何だったか」などと考えることになります。これではサクサク読むことはできません。

　こうした事態を避けるために、1つの文は長くても50〜60字を目安にすることを心がけましょう。そうすれば、50〜60文字の1文が2行以内になるので、主語・述語・目的語などのことばの関係性も明確になり、読みやすくなります。

　1文の長さを意識する。これならいますぐに実践できますね。

✉ 適切な位置に「、」(読点)を打つ

　1つの文を終わらせるときに打つのが「。」(句点)なら、1つの文の中で区切りをつけるときに使うのが「、」(読点)です。

　この読点、あまり深く考えずに「なんとなく打っている」という人も多いのではないでしょうか。

　読点を適切に使うことで、文をより簡潔にわかりやすく整理することができます。では読点の打ち方の基本ルールを解説しましょう。

● 長い修飾のことばが付いた主語の後

ここまでが主語ということを示すために読点を打ちます。

例：<u>女性の社外取締役を置く企業は</u>、今回の調査対象の約6割を占めていた。

● 複文の中で節と節の切れ目

「主語＋述語」のセットである節（下線部）を並列する場合、節と節の切れ目に読点を打ちます。

例：<u>業務Aは継続する</u>が、<u>業務Bは中止する</u>。

● 離れた語句にかかる修飾のことばの後

読点を適切に打つことで、離れた語句にかかる修飾語を明確にすることができます。例えば、

6月までに昇格した社員を対象に研修を実施したい。

この文における「6月までに」は、「実施したい」にかかるのか、「昇格した」にかかるのか、読み手は迷ってしまうでしょう。

6月までに　→　実施したい
6月までに　→　昇格した

「6月までに実施したい」と伝えるなら、「6月までに」の後に読点を打ちます。

例1：6月までに、昇格した社員の研修を実施したい。

このように、修飾する語句「6月までに」と、それを受ける「実施したい」が離れている場合、修飾する語句の後に読点を打ちます。

「6月までに昇格した」と伝えるなら、「6月までに」と「昇格した」は離れていないので読点は打ちません。「対象に」の後に読点を打てば、意味がはっきりします。

例2：6月までに昇格した社員を対象に、研修を実施したい。

1つの文を読みやすくするために、読点の位置に気をつけてください。

第5章　具・簡・論・好で伝わる力がアップする！　153

Lesson

4 ［論理性］
接続の関係を明示する

強化ポイント▶「、」の前後と接続を表すことばを見る

✉「連用中止法」に注意する

　ここからは、整理・構成した要素の関係性を正確に明示するためのことばの使い方のレッスンです。

　次の文の下線を引いた部分に着目してください。

A：顧客が生産拠点を海外に<u>移し</u>、国内事業の売上げが下降している。

B：A社は会議時間が<u>長く</u>、ガラス張り会議室の導入をはじめとする諸施策に着手した。

　それぞれの文の、読点「、」の前後にある要素の関係を考えてみましょう。Aの「生産拠点を海外に移した」ことと「国内事業の売上げが下降している」ことはどのような関係にあるでしょうか？　Bの「会議時間が長い」ことと「諸施策に着手した」こととの関係はどうでしょう？

　なんとなくニュアンスではわかっても、確実に関係性を指摘するのは難しいでしょう。A、Bともに下線部分の書き方が、前後の関係性を明確に表していないからです。

　Aの「移し」、Bの「長く」のような記述は連用中止法といわれています。連用中止法とは、「〜され、〜が重く、〜になり」のように、動詞や形容詞、形容動詞の連用形に読点を打って文を途中で中止し、さらに文を続けていく用法のことです。

　連用中止法は便利なのですが、読点の前後の記述の関係が単純な並列なのか、原因と結果なのか、目的と手段なのか、あるいは順序なのかがあいまいになるという欠点があります。

　並列以外の関係を正確に伝えたい場合は、連用中止法での記述を避けて、前後の関係性が明確にわかるように書くことを心がけましょう。

154

A：顧客が生産拠点を海外に<u>移したことにより</u>、国内事業の売上げが下降している。

B：A社は、長い会議時間を<u>短縮するために</u>、ガラス張り会議室の導入をはじめとする諸施策に着手した。

✉ 使用頻度の高い「また」「つまり」に注意する

接続の表現として日常的によく使われているのが「また」と「つまり」です。使用頻度が高いこれらのことばは、使う上で注意が必要です。

●また

「AまたB」は、「AにBを付加する」という意味があります。安直に「また」を乱発すると、読み手はいま何を説明されているのか混乱しかねません。例えば、次の文を読んでください。

商品Aは、50〜60代が主な顧客層で約6割を占めている。<u>また</u>、この層は増加傾向である。<u>また</u>、全体の約7割はドラッグストアでの売上げである。

これだけの短い説明の中に「また」が2回も出てきます。これでは読み手はただ矢継ぎ早に要素が付加されているだけのように感じて、要素同士の関係を読み取りにくいでしょう。では、こう改訂したらどうでしょうか。

商品Aの売上構成は、<u>世代別では</u>50〜60代が約6割を占めており、この層は増加傾向にある。<u>また、販路別では</u>ドラッグストアが7割を占めている。

「売上構成」を「世代別」「販路別」という2つの切り口でとらえ、その切り口を下線部で明示しました。これによって、「また」を1つ減らしました。

このように前後の要素の切り口を意識することで、「また」を使う頻度を減

第5章　具・簡・論・好で伝わる力がアップする！　155

らし、なおかつ関係性をはっきりさせることができます。

●つまり、要するに、については

「AつまりB」は、「Aを理由に、その帰結がBである」という関係性を表します。「A要するにB」「AについてはB」も同様です。

よく使われがちな表現ですが、ビジネスメールや文書を書くときには、できる限り使わないように心がけてください。なぜなら、ビジネスメールや文書では、第4章で解説したように、So What? 先出しの原則（結論を先に書いて、理由・解説は後に書く）で速く要点を伝えたいからです。

「つまり」や「要するに」「については」を使うということは、結論より先に理由・解説を提示していることにほかなりません。

「AつまりB」よりも、So What? 先出しの原則で「BなぜならA」としたほうが、ABの関係が速く伝わります。

AつまりB　→　BなぜならA、B具体的にはA

例えば、次の2つの例文を比べてみてください。どちらも「納入プロセスを見直したい」が結論で、その理由が書かれています。

納入手続きに関して取引先数社から「競合各社のほうが事務や検品がスムーズだ」という声をいただいた。また、社内でも非効率が指摘されている。<u>については</u>、納入プロセスを見直したい。

納入プロセスを見直したい。<u>なぜなら</u>、まず、取引先数社から「他社のほうが事務や検品がスムーズだ」という声が出ている。また、社内でも非効率が指摘されているためである。

前者よりも、後者のほうが、速く要点が伝わる書き方と言えます。ビジネスメールや文書で「つまり」を使っていたら、「なぜなら」で書き替えられないか、考える習慣をつけましょう。

Lesson

5 ［好感度］よい印象を残す ことばの使い方

強化ポイント▶敬意と当事者意識を表す

✉ 過剰でなくすっきりと敬語を使う—「いただく」

仕事の相手に届けるメッセージは、論理性やわかりやすさだけでなく、相手を尊重する姿勢を表して、先方に好印象を持ってもらうことも大事でしょう。そこで不可欠なのが敬語の適切な使い方です。

メールやビジネス文書でまず気をつけたいのは、「敬語の過剰な使用」です。過ぎたるは及ばざるがごとし。敬語も使いすぎるとかえって違和感が生まれたり、わざとらしくなったりしてしまいます。

なかでも、ていねいに書こうとするあまり、つい使いすぎてしまうのが「いただく」という表現です。次の文を見てください。

> 昨日のミーティングで説明させていただいた資料をお送りさせていただきます。ご確認いただければと存じます。

あるビジネスメールの導入部の抜粋ですが、わずか2行の中に「いただく」がなんと3回も出てきます。これではていねいを通り越して「くどい」「冗長」という印象になりかねません。そこで、次のように改訂するとどうでしょうか？

> 昨日のミーティングでご説明した資料をお送りいたします。ご確認ください。

そもそも「〜させていただく」というのは、「相手に許可を得て、私が〜させてもらう」というニュアンスの表現です。もし事前に「資料をメールで送って」「了解」というやりとりがあったなら、送ることに関して許可をもらう必要はありませんよね。

第5章　具・簡・論・好で伝わる力がアップする！　157

「いただく」は、「1文に1カ所」「隣り合った文では使わない」ことに留意して、ていねいさと読みやすさのバランスをとりましょう。

✉ 敬度のメリハリをつける—文末の表現

相手への敬意の度合いを敬度といいます。ていねいさと読みやすさのバランスをとるために、文末表現で敬度のメリハリをつける方法があります。

例えば、「〜します」という文末の表現を敬度の高い順に並べると、**「申し上げます > いたします > します」**となります。

これらの文末表現を使って敬度にメリハリをつけるときは「1つの段落の最初もしくは最後の文の敬度を高くする。それ以外は敬度を下げる」が基本ルールです。

以下はある顧客に送ったメールの導入部です。

先ほどは、商品Aについてお問い合わせをいただき、厚く御礼<u>申し上げます</u>。さっそくですが、商品Aの概要をまとめた資料をお送り<u>申し上げます</u>。ご確認をお願い<u>申し上げます</u>。

ていねいさは伝わりますが、「申し上げる」ばかりが目についてくどくて冗長な印象になっています。そこで、先ほどの基本ルールを当てはめて、この導入部を改訂するとこうなります。

先ほどは、弊社の商品Aについてお問い合わせをいただき、誠に<u>ありがとうございました</u>。さっそくですが、商品Aの概要をまとめた資料をお送り<u>いたします</u>。ご確認をお願い<u>申し上げます</u>。

いちばん敬度の高い「申し上げます」は最後の1文だけに使用し、そのほかは敬度を低めにしたことで、冗長さが払拭されましたね。

このメールは「社外宛」のため、最後の1文の文末に「申し上げます」を使うことで、全体の敬度を大きく上げています。

もしこれが社内メールで、ここまで全体の敬度を高める必要がない場合でも、文末表現を変えることで敬度を調整できます。

例えば、2文目の「お送りいたします」を「お送りします」に、最後の1文の「申し上げます」を「いたします」に置き換えれば、全体の敬度がやや下がった表現になります。

文末表現を使い分けて敬度にメリハリをつける。適切な敬意を払いながら、なおかつ読みやすい文を書くためのコツです。

✉ 当事者意識を表す

相手にマイナスの印象を与えないために、書き手の「当事者意識」を伝えにくくする受け身表現にも要注意です。当事者意識とは、自分がその事柄にかかわっているという意識のこと、仕事では欠かせないものです。

例えば、ある企業が顧客に送った次のメールを比べてください。

A：商品Ｘの契約更新の手続きが変更<u>されました</u>。このため……。

B：弊社では、商品Ｘの契約更新の手続きを変更<u>いたしました</u>。このため……。

どちらも「手続きが変更になった」という点は同じです。

しかし、Aは「変更された」と受け身の表現となっているので、変更した主体が不在です。読み手に「変更した当事者はおたくの会社なのに、どこか他人事のように言っている、当事者意識のない人だな」というマイナスの印象を与えかねません。何か複雑な手続きを依頼するとしたら、なおさらです。

一方のBは、能動態で「弊社は」「変更いたしました」となっています。「弊社は」と、主体である自社を打ち出すことで、当事者意識が伝わります。

当事者意識が感じられないというマイナスの印象を与えないよう、受け身表現「れる・られる」の多用は避けたいものです。

第5章　具・簡・論・好で伝わる力がアップする！　159

例題 5-1 【具体性】 クリーンデーの廃棄物処理

<u>廃棄物について以下をお願いいたします。</u>

・8/11（月）までに、廃棄物用段ボールの必要枚数を総務部にご連絡ください。廃棄物はすべて、この段ボールに入れてください。
・8/22（金）までに、各課に廃棄物用段ボールを支給します。
・8/29（金）9：00〜17：00に、廃棄物を大会議室に運んでください。この時間帯以外の持ち込みは絶対にお止めください。

【設問】

これは、オフィスの環境美化の取り組み「クリーンデー」について、推進する総務部が社内に伝えるために作成したメールの一部です。下線をつけた1文を、「以下」という表現を使わずに、3つの「・」の記述全体のSo What?（結論）がわかるように書き替えてください。なお、3つの「・」の記述はそのまま残すこととします。

ﾋﾝﾄ Lesson 2 を見直して、「以下」の内容を具体的に書こう。

【解説】

　これは、「以下」の中身を、具体的にことばに置き換える練習です。3つの「・」の記述から、「少なくともこれだけは念頭において対応してほしい」というお願いの So What?（結論）を考えながら、各項目を読んでみましょう。「・」は、廃棄物の処理の条件や手続きが時系列で並んでいます。

　3つめの「・」には、「廃棄物は、8/29（金）に時間厳守で大会議室に搬入すること」と、最終的に行動してほしい内容が書かれています。この「最終的に何を、どのような条件を満たして実行してほしいか」が、お願いの So What? になります。

　では、それらをふまえて1つの文で表してみましょう。

廃棄物は、所定の段ボールに入れた上、8月29日（金）に時間厳守で大会議室に搬入してください。

・8/11（月）までに、廃棄物用段ボールの必要枚数を総務部にご連絡ください。廃棄物はすべて、この段ボールに入れてください。

・8/22（金）までに、各課に廃棄物用段ボールを支給します。

・8/29（金）9：00～17：00に、廃棄物を大会議室に運んでください。この時間帯以外の持ち込みは絶対にお止めください。

　このように「以下」の中身を、「以下」を使わずにことばにしておくと、冒頭の1文が要点を具体的に速く伝えるものに変わります。そしてその1文だけで、読み手は何を依頼されているか、イメージを持てるのです。

例 題 5-2【具体性】社会人大学院生の増加の背景

・キャリアアップと自己研鑽
・人材育成の場としての活用

【設問】

これは、「社会人大学院生の増加の背景」として記述したメモの一部です。体言止めになっている各記述を、主語・述語・目的語が明快な文の形に書き替えてください。

ヒント Lesson 2 を見直して、「誰が」「何を」「どうする」をはっきりさせよう。

【解説】

　体言止めの問題は、述語部分が省略されること、そして主語も省略されがちなために意味があいまいになることです。「誰が」「何を」「どうする」という主語、目的語、述語がはっきりするように、必要があればことばを補足して書きましょう。

●キャリアアップと自己研鑽

- ・誰が→社会人
- ・何を→大学院を
- ・どうする→キャリアアップと自己研鑽のための場としてとらえている

●人材育成の場としての活用

- ・誰が→企業
- ・何を→大学院を
- ・どうする→体系的な知識・スキルと広い視野を持つ人材を育成する場の1つとして、活用している

> ・社会人は、キャリアアップと自己研鑽の場として大学院をとらえている。
> ・企業は、体系的な知識・スキルと広い視野を持つ人材を育てる場の1つとして、大学院を活用している。

　体言止めのときには「こういうことなのか？」と想像していた部分が、はっきりしました。ビジネスメールや文書は、読み手が「これってどういうこと？」と悩まないような、具体的な説明が大事です。

　それは難しいことではなく、「誰が」「何を」「どうする」をはっきり示すということです。例えば、このメモの続きに「・経営の安定と社会への貢献」とあったら、これはどのような文にできるでしょうか。2つの例の要領で考えてみてください。

第5章　具・簡・論・好で伝わる力がアップする！　163

例題 5-3【簡潔さ】中国の工業用ミシン市場の概況

中国の工業用ミシン市場は、出荷台数では全体の8割を占め、拡大を続けている中小工場向けローエンド機市場と、残り2割に相当し、縮小傾向にある大工場向けハイエンド機市場という、2つのセグメントに分かれている。

【設問】

これは「中国の工業用ミシン市場の概況」を説明したものです。内容を変えることなく、簡潔で読みやすい長さの文に分けてください。

ヒント Lesson 3 を見直して、1文を50～60字までを目安に分けよう。

【解説】

　これは、100文字近い長文にすべての要素が詰め込まれているため、読みにくいですよね。この文を、内容は変えずに、簡潔で読みやすい長さの複数の文に分けてみましょう。まず文全体の主語と述語を探してつなげてみます。

> 中国の工業用ミシン市場は、2つのセグメントに分かれている。

　こう説明したら、読み手は「2つのセグメントとは何か」と質問を持つでしょう。そこでそれがわかるように残った要素を整理してまとめると、次のような文章に変わります。

> 中国の工業用ミシン市場は、中小工場向けローエンド機市場と大工場向けハイエンド機市場とに分かれている。前者は出荷台数で市場全体の8割を占めており、拡大を続けている。一方、後者は縮小傾向にある。

　第1文は市場全体の説明に、第2文・第3文は2つのセグメントの具体的な説明になっています。このように3つの文に分けたほうが、速く読めて意味もすっと頭に入りますよね。また、ことばの重なりも「前者」「後者」という表現によってなくなります。

　このほか、第1文を「中国の工業用ミシン市場は、2つのセグメントに分かれている」として、その後に、「ローエンド機市場では……」「ハイエンド機市場では……」と続ける方法もあります。その際、第4章で解説したように、記号を使って市場全体と各セグメントの関係を視覚的に示すことも可能です。

> ● 中国の工業用ミシン市場は、2つのセグメントに分かれている。
> ・中小工場向けローエンド機市場は、出荷台数で全体の8割を占め、拡大を続けている。
> ・大工場向けハイエンド機市場は、残り2割を占め、縮小傾向にある。

　1つ1つの文を短く簡潔にすることは、内容を整理することでもあるのです。

第5章　具・簡・論・好で伝わる力がアップする！　165

例 題 5-4【簡潔さ】今後の研修

当部は、今後も現場の評価が高い研修は継続する。

【設問】

この1文の「今後も」が修飾する語句を、読点「、」を打つことによってはっきりさせるため、次の2つの問いに答えてください。必要なら、語順を変えてもかまいません。

問い1 ▶ 「今後も」が「継続する」を修飾するように「、」を打とう。

問い2 ▶ 「今後も」が「評価が高い」を修飾するように「、」を打とう。

ヒント Lesson 3 で解説した読点の打ち方の基本ルールを見直そう。

【解説】

　Lesson 3 で見たように、読点「、」を適切に打つと、文の意味がはっきりしてサッと読めるようになります。ところがこの例文の書き方では、「今後も継続する」という意味か、「今後も現場の評価が高い」という意味かはっきりしません。

　問い1の、語順は変えずに「今後も」が「継続する」にかかるようにするためのポイントは、2つの語句の距離です。2つの語句は離れています。「今後も」が、「現場の評価が高い研修は」を飛び越えて、「継続する」にかかるようにするには、「今後も」の後に読点を打ちます。

> 当部は、今後も、現場の評価が高い研修は継続する。

　さらに、次のように語順を変えれば、意味はよりはっきりします。

> 当部は、現場の評価が高い研修は、今後も継続する。

　修飾することばとそれを受けることばをつなげた上、その前に読点を打ちました。

　では問い2の、「今後も」が「評価が高い」を修飾するにはどこに読点を打てばいいでしょうか。語順がこのままなら、「今後も現場の評価が高い研修」という1節になるように、「研修は」の後に読点を打ちます。

> 当部は、今後も現場の評価が高い研修は、継続する。

　この場合は、次のように語順を変えれば、意味はよりはっきりします。

> 当部は、現場の評価が今後も高い研修は、継続する。

「こういう意味かな」「いや、こうかな」と迷いながらでは、サッと読み進むことが難しくなります。「、」の位置に気を配りましょう。

例 題 5-5【簡潔さ】増員と強化

A社は社外取締役を増員し、コーポレート・ガバナンスを強化する必要がある。

【設問】

「社外取締役を増員する」と「コーポレート・ガバナンスを強化する」は、どのような関係でしょうか？ あり得る解釈を考えた上で、それが明快に伝わるように、書き替えてください。

ヒント Lesson 4 の連用中止法を使わない書き方にできるかどうかを見直そう。

【解説】

例文のような「〜を増員し、〜」という書き方は、Lesson 4で解説した連用中止法です。

「社外取締役を増員する」と「コーポレート・ガバナンスを強化する」の関係を考えましょう。両者は「原因と結果」「手段と目的」「並列」「順序」——どの関係にあるでしょうか。例えば「手段と目的」という関係だと解釈すると「増員することで強化される」というとらえ方ができます。すると、このように書き替えることができます。

> A社は社外取締役を増員することによって、コーポレート・ガバナンスを強化する必要がある。

同じ「手段と目的」でも、いくつかの手段のうちの典型例が「社外取締役の増員」と解釈すれば、次のように書き替えることができます。

> A社は、社外取締役の増員をはじめとする施策によって、コーポレート・ガバナンスを強化する必要がある。

また、「まず増員して、それから強化する」という「順序」を示すと解釈することも可能でしょう。その場合は、次のように書き直せば関係がはっきりしますね。

> A社は社外取締役を増員した上で、コーポレート・ガバナンスを強化する必要がある。

こうすれば、増員することを前提に、その上で強化の取り組みを行う必要があるという意味合いが伝わります。

連用中止法を一切使わずに文章を書くのは現実的ではありません。しかし、ここで見たように、この表現方法は、説明の内容によっては複数の解釈が成り立つものです。前後の関係を厳密に説明する必要があるならば、ここで行ったように書き替えるようにしましょう。

第5章 具・簡・論・好で伝わる力がアップする！ 169

例題 5-6【簡潔さ】オフィス移転

オフィス移転に伴い、各自の収納スペースは現在使用しているサイドキャビネットのみになります。

また、新しいオフィスの机にはひきだしがありません。

さらに、サイドキャビネットに収まらないものは、グループ共有棚に収納していただきます。

また、この棚の1人分容量は、従来のひきだしの約4割です。

よって、オフィス内で保管する私物は極力減らすよう、お願いします。

【設問】

これはメールの本論です。So What?（結局、何なのか?）と Why So?（なぜ、そう言えるのか?）がはっきりするように書き替えてください。

ヒント Lesson 4 の接続のことば「よって」「また」「さらに」に着目しよう。

【解説】

まず、So What?（結論）と Why So?（理由）に分けてみましょう。接続詞「よって」があるので、これ以降が結論になるのはわかりますね。

> **オフィス内で保管する私物は、極力減らしてほしい。**

「よって」の前が理由です。それは、「移転後の収納スペースは、サイドキャビネットだけになる」「収まらないものについては、共有棚もあるが、容量はわずか」と2つに分けることができます。

ところが、「また」「さらに」「また」と、付け加える意味の接続詞と副詞を繰り返しているために、理由は2つという関係がつかみにくくなっています。

そこで、接続詞などに頼らずに、下線の切り口を示して書き替えてみます。第4章で取り上げた構成を視覚化する方法も、合わせて使ってみましょう。

> **オフィス移転に伴い、オフィス内で保管する私物を減らすよう、お願いします。**
> ・移転後の各自の収納スペースは、現在使用中のサイドキャビネットのみです。新しいオフィスの机には、ひきだしがありません。
> ・サイドキャビネットに収まらないものは、グループ共有棚に収納することになります。ただし、この棚の1人分容量は、現在の机のひきだしの約4割です。

問題文の2つめの「また」は、「ただし」に変えてあります。制限を加える意味の接続詞「ただし」にすると、「共有棚もあるが、容量はわずか」という意味がはっきりします。

もちろん、視覚化しない書き方も可能ですが、ビジネスメールや文書では、速く読める視覚化の方法をとるのがよいでしょう。

> **オフィス移転に伴い、オフィス内で保管する私物を減らすよう、お願いします。**
> お願いの背景は、まず、移転後の各自の収納スペースが、現在使用中のサイドキャビネットのみになるためです。移転後の机には、ひきだしがありません。
> なお、サイドキャビネットに収まらないものは、グループ共有棚に収納することになります。ただし、この棚の1人分容量は、現在の机のひきだしの約4割です。

第5章 具・簡・論・好で伝わる力がアップする！　171

例題 5-7【好感度】見積もりプロセスの改革事例に関する資料

昨日は、貴重な討議の機会をいただき、厚く御礼申し上げます。

さっそくですが、昨日、ご紹介させていただいた、「改革事例に関する資料」のPDFを添付させていただきます。パスワードは別メールでお送りさせていただきます。

この資料が、見積もりプロセス改革の検討材料の1つとなれば幸いです。

私どもでお役に立てる点がありましたら、ご連絡をお願い申し上げます。

引き続き、どうぞよろしくお願い申し上げます。

【設問】

これは顧客へ送るメールです。この文章は、読み手に敬意を表する気持ちがあることは十分伝わりますが、敬語が冗長です。次の前提をふまえて、敬意を保ちつつ、冗長さがない文章に書き替えてください。

前提：

「改革事例に関する資料」は、昨日の会議で会議参加者に配布したもので、その際に、「後でPDFを送ってほしい」と言われていた。

ヒント Lesson 5 の敬語の使い方を見直そう。

【解説】

この文章には、「〜させていただく」が３回、「申し上げます」が３回も登場します。

まずは、「〜させていただく」をどう減らせるか、見直します。この表現がふさわしいのは、相手に許可を得るニュアンスを醸し出したいときです。前提によれば、「資料をメールしてください」「承知しました」とやりとりした上でのメールのようです。この場合、「添付いたします」とていねいに言えば、許可のニュアンスはなくてもよさそうです。パスワードを別メールで送ることにも許可のニュアンスはいらないでしょう。

その上で、隣り合う文で「いただく」「〜させていただく」と繰り返さないようにします。冒頭の「討議の機会をいただき」を活かして、「ご紹介した」としておきましょう。

次に、文末の「申し上げます」はどう見直せばいいでしょうか。文末の敬語表現の使い分けの基本は、「段落や文書の最初もしくは最後は敬度を高く、それ以外は敬度を下げる」でしたね。これは短いメールなので、最後に１カ所のみ残して、あとは「ありがとうございました」「どうぞ〜ください」といったほかの表現に変えましょう。

これらを反映させた上で、１文を50字ほどで書くと、すっきりとていねいさが伝わるのではないでしょうか。

昨日は、貴重な討議の機会をいただき、誠にありがとうございました。さっそくですが、昨日ご紹介した「改革事例に関する資料」のPDFを添付いたします。なお、パスワードは別メールでお送りします。
この資料が、見積もりプロセス改革の検討材料の１つとなれば幸いです。
私どもでお役に立てる点がありましたら、どうぞご連絡ください。
引き続き、よろしくお願い申し上げます。

練習問題 5-1 【日本語表現】 サイレント・チェンジ

> サイレント・チェンジとは、部材の素材の組成が<u>知らされる</u>ことなく、変わってしまうことを指す。こうした変更が重大事故につながるケースが近年増えている。この背景には、部材調達のグローバル化によって、材料の安全性を<u>管理しきれなくなっている</u>状況がある。

【設問】

これは、「サイレント・チェンジ」と呼ばれる現象を説明したものです。次の2点が読み手に具体的にわかるように書き替えてください。

・誰から誰に「知らされる」のか？
・誰が「管理しきれなくなっている」のか？

練習問題 5-2 【日本語表現】 支店での FAX 機交換について

> 支店での FAX 機交換について
>
> <u>表題につき、次の状況が発生しました。</u>
> 東都支店で、古くなった FAX 機を新機種と交換することになりました。
> 交換に際しては、利用者の負担軽減、および作業ミスによる登録データの移行不備の防止の観点から、旧 FAX 機の登録データを保守会社にて新機器へ一括移行することにしました。一括移行作業は保守会社の PC と旧 FAX 機を直接接続し、データを PC に読み込み、新 FAX に移すことにしました。
> 機器交換終了の数日後、利用者から、旧 FAX 機と新 FAX 機では、登録されているデータが相違しているとの連絡を受けました。
> 当初取り決めの作業で実施していれば、データが相違することはないはずなので、支店に当日の作業手順を確認したところ、PC を使用せず、保守員が手作業にて対応したことが判明しました。

【設問】

これは、ある企業の東都支店での FAX 機の交換に関する報告メモのドラフトです。下線を引いた 1 文を、「次の状況」の中身が具体的にわかるように、1〜2 文で書き替えてください。

練習問題 5-3【日本語表現】社内報

坂本さん

お世話になっております。

さっそくですが、8月号の社内報で「大失敗から学ぶ！」という特集を組む予定です。

その一環として、各部門で「大きな失敗から学んだケース」を発掘して、全社で共有させていただきたいと考えています。

広報部で各部門に取材させていただいていますが、実は、本社管理部門については、なかなか適切なケースを見いだせずに難航しています。

ついては、本社管理部門の業務改革チームリーダーとしてかかわってこられたお立場から、本社管理部門で、大失敗が業務改革につながった事例とその取材先を推薦していただければ幸いです。

編集の都合上、6月9日（金）までに情報をいただけると幸いです。

どうぞよろしくお願いいたします。

広報部　遠藤哲也

【設問】

これは、広報部の遠藤さんが、人事部の坂本課長に、社内報への協力を依頼するために送ったメールです。次の2つの問いに答えてください。

問い1 ▶ 敬語の使い方で修正すべき点を挙げよう。

問い2 ▶ このメール文全体を書き直すとどうなるだろうか？
不足する要素があれば、それも加えてかまいません。

解答の参考 188ページ

第5章　具・簡・論・好で伝わる力がアップする！　175

メールの改訂例

例題と練習問題で取り上げたメールの改訂例を紹介します。各問題の解答の参考にしてください。

＊各問題のメールは架空のものです。

関連する問題 例題 2-1、例題 3-1、例題 3-4、例題 4-1

件名：業務改善プロジェクトの開始時期のご報告

佐和マネージャー

出張、お疲れさまです。
さっそくですが、業務改善プロジェクトの開始時期について、
室町部長と事務局とで検討した結果をご報告します。
ご確認をお願いします。

結論：
今回のプロジェクトは当初の予定どおり、10 月開始とする。
前倒しはしない。
・プロジェクト活動上、上期決算後の 10 月開始のほうが、
　ヒアリングに社内関連部署の協力を得やすい。
・推進体制の面でも、営業本部・生産本部でプロジェクト参加者の
　選定に時間を要している。
　このため、10 月開始のほうが無理がない。

以上です。
大阪は台風の影響で雨のようですね。
気をつけてお帰りください。

川角

関連する問題 例題 2-2、例題 3-2、例題 3-5、例題 4-2

件名：新ボイスメールの FAQ 集活用のお願い

部課長各位

今回のボイスメール・システム刷新にあたっては、部内説明会の
実施をはじめ、ご配慮いただき、ありがとうございました。

当部では、先週「新ボイスメール FAQ 集」をイントラネットに
掲示しました。
部下のみなさんが FAQ 集を活用するよう、指導をお願いいたします。

●部課内で指導をお願いしたい点
新ボイスメールの操作方法やマニュアルの内容について、
当部に、多くの電話問い合わせが来ています。
電話に先立ち、ぜひ FAQ 集をお読みください。
・みなさんの時間節約のために
　電話問い合わせが多いため、回線接続に時間がかかっています。
　FAQ 集を問い合わせ前に読んでいただければ、みなさんの時間
　節約になります。
・サポートの質向上のために
　多くの電話問い合わせをいただき、当部では個々の回答に
　十分な時間をとりにくくなっています。FAQ 集の活用で電話が
　絞り込まれると、より質の高いサポートを提供できます。

みなさんのご協力をよろしくお願いいたします。

ボイスメール担当　広尾 久

メールの改訂例　179

関連する問題 例題 2-3、例題 3-3、例題 3-6、例題 3-7、例題 4-3

件名：アルファカレッジのシラバス書式改訂の提案

山浦マネージャー

お疲れ様です。
アルファカレッジのシラバス作成時期となりました。
受講者の声をふまえて、シラバス書式の改訂案（添付）を作りました
ので提案します。
今週中にご承認いただければ、ありがたいです。
よろしくお願いいたします。

●シラバス改訂の背景
受講者アンケートで、現状のシラバスでは研修内容が伝わらないと
指摘されています。実際、記載内容が作成者によって不統一、
あるいは羅列傾向にあります。

●改訂内容
講座の全体観と特徴が伝わるように、①研修内容欄の変更、
②受講者の声欄の新設を行います。
・①研修内容欄の変更：「研修のねらい」「特徴」「プログラム概略」の
　３つに分けて、記載項目をはっきりさせる。
・②受講者の声欄の新設：継続講座には「受講者の声」欄を設ける。
　受講者の感想を共有することで、研修イメージを持ちやすくする。

書式確定後、さっそく各講師にシラバス作成を依頼します。
ご承認よろしくお願いします。

和田

関連する問題 練習問題 2-1、練習問題 3-1、練習問題 3-5、練習問題 4-5

件名：社内便についてのお願い

社内便利用者のみなさん

お疲れ様です。
社内便による資材の速やかな移動のため、社内便利用時に 1 点、
ご協力をお願いします。

●お願い事項
社内便伝票は、宛先欄を漏れなく、正確にご記入ください。
・社内便伝票の記載漏れが、最近、多発しています。
　特に、本社から事業所宛の荷物に、部署名の記載漏れが目立ちます。
・当担当では、記載漏れの確認をしていますが、新人パートさんが
　増えたこともあり、確認に時間がかかっています。
　資材の滞留時間が長くなっている状況です。

みなさんのご理解とご協力をお願いいたします。

総務部　半沢 愛

関連する問題 練習問題 2-2、練習問題 3-2、練習問題 3-7、練習問題 4-6

件名：【お願い】永年勤続者の確認

営業第 1 部 管理チーム　水野さん

お世話になっております。
さっそくですが、12/7（金）に永年勤続者の表彰式を行います。
営業第 1 部の表彰対象者の確認をお願いしたく、ご連絡しました。
お手数をおかけしますが、ご協力をお願いいたします。

●お願いの背景
　永年勤続は、勤続 30 年・20 年の方々が対象です。
　ABC 人事総務サービスが該当者のリストアップを進めていますが、
　営業第 1 部の該当者を確認できておりません。

●具体的なお願い事項
　そこで、貴部の中で、出向期間も含めて当社在籍年数が通算で
　永年勤続になる方をご教示ください。
　該当する入社時期
　・勤続 30 年：1987 年 1 月〜 12 月入社
　・勤続 20 年：1997 年 1 月〜 12 月入社

●お返事いただきたい期日
　8/23（金）までに対象者を確認できれば、準備の都合上、
　大変ありがたいです。

お忙しいところ恐縮ですが、よろしくお願いいたします。

総務部　半沢 愛

関連する問題 練習問題 2-3、練習問題 3-3、練習問題 3-6、練習問題 4-6

件名：電話システム切り替えに関するご報告

総務部のみなさん

お疲れ様です。
4/10（月）から、新しい電話システムに切り替えます。
想定される問い合わせへの対応案をご報告します。
問題点や検討事項などあれば、ぜひご指摘ください。
よろしくお願いいたします。

●想定される問い合わせ
大きく 2 種ですが、ボイスメール関連が多くなると見込んでいます。
①ボイスメール関連では、特に、メッセージ誤送信防止機能の
　設定に関するもの。
②その他は、新しい電話機の操作・機能に関するもの。

●対応案
マニュアル・FAQ 集の活用を図るとともに、ボイスメールについては
ヘルプデスクで個別対応もできるようにします。
・FAQ 集等の活用の徹底
　①②ともに基本事項については、マニュアルと FAQ 集を活用する
　ように、全マネージャーに予め通達します。（3/20（月）発信予定）
・切り替え直後のヘルプデスク強化
　4/10（月）〜 4/21（金）のコアタイムは、ヘルプデスク担当を
　1 名増員します。①を中心に個別対応します。
・FAQ 集のバージョンアップ
　問い合わせ内容をふまえて、FAQ を順次更新していきます。

お手数をおかけしますが、お気づきの点があれば、
インプットをお願いいたします。
スムーズな切り替えになるよう、対応していきます。

総務部　半沢 愛

メールの改訂例　183

関連する問題 練習問題2-4、練習問題3-4、練習問題3-8、練習問題4-1、練習問題4-6

件名：QC表彰式の前泊について確認依頼

QC表彰式参加者 各位

2017年度のQC活動の表彰会が、既報のように来週24日（月）9：00から本社大会議室で行われます。
東都研修所での前泊に関する留意点をご連絡しますので、確認をよろしくお願いいたします。

● 東都研修所への入館時刻
　23日（日）23時までに入館してください。
　23時が門限ですので、それ以降は入館できません。

● 23日（日）夕食・24日（月）朝食
　各自外でとるか、外で購入して研修所の食堂で食べてください。
　研修所では、食事は用意していません。

● 持参品
　・必携のもの：IDカード
　・宿泊に必要なもの：洗面用具、タオル、寝巻など。
　　研修所には備え付けはありません。

● 東都研修所から本社へのアクセス
　所要時間は約40分です。朝はラッシュで電車が遅れがちなため、
　余裕をもって移動してください。
　・JR利用の場合
　　研修所～JR中央線阿佐ケ谷駅　徒歩10分
　　阿佐ケ谷駅～東京駅　約25分
　　東京駅～本社　徒歩5分
　・地下鉄利用の場合
　　研修所～東京メトロ丸ノ内線南阿佐ケ谷駅　徒歩3分
　　南阿佐ケ谷駅～大手町駅　約35分
　　大手町駅～本社　徒歩2分

ご質問などありましたら、どうぞご連絡ください。

総務部　半沢 愛

関連する問題 練習問題 2-5、練習問題 4-6

件名：RE：電話増設に関するお尋ね

半沢さん

さっそくのお返事、ありがとうございます。

サラカームさんの電話申請の件、イントラネットでの申請フォームを
用いること、承知しました。
これに関連して 2 点確認させてください。

●電話増設の申請者
　申請者は、私でよいか、あるいは上司の中村課長とすべきか、
　教えてください。
　申請フォームの P.1 と P.2 の申請者が異なるので、伺う次第です。

●パソコンの機種変更・イントラネットへのアクセス権の申請先
　これらも総務部宛でよろしいですか。
　週明けに、サラカームさん用に申請予定です。

度々お手数をおかけして恐縮です。
どうぞよろしくお願いいたします。

佐藤 恵

関連する問題 練習問題 2-6、練習問題 3-9、練習問題 4-6

件名：海洋性コラーゲンについてご教示のお願い

商品開発部　斉藤マネージャー

いつも貴重な情報を共有していただき、ありがとうございます。

さっそくですが、今、研究中の海洋性コラーゲンの可能性について、
ぜひ斉藤さんにお話を伺いたい点があり、ご連絡しました。
ご都合を教えていただければ、大変ありがたいです。
急なお願いで恐縮ですが、ご協力をお願いいたします。

●お願いの背景
　私は、海洋性コラーゲンの抽出法を開発しています。
　吸収のよいものを効率よく抽出する方法が見えてきましたので、
　今後は、商品化のための条件をクリアしたいと考えています。

●ご教示いただきたい点
　斉藤さんは、海洋性コラーゲンに関心をお持ちと伺いました。
　ご意見を今後の検討にぜひ活かしたいと考えています。特に…
　・主にどのような商品に海洋性コラーゲンを活用できそうか。
　・その際、安全性やコストなどの条件をどうお考えか。

●希望のタイミングなど
　可能であれば、6月6日（水）までのご都合のよい折に、
　約30分のミーティングを希望いたします。
　・日程候補を2つほどご指示ください。
　・ご都合が悪い場合は、6日以降でお願いします。

ご教示、どうぞよろしくお願いいたします。

基礎研究部　山本

関連する問題 練習問題 2-7、練習問題 3-10、練習問題 4-6

件名：【再見積もりのお願い】アルファ社厨房機器

東経工業　加藤様

弊社社食の調理機器について、大変お世話になっております。
先日は見積もりのご送付、ありがとうございました。
検討の結果、再見積もりのお願いと、今後の予定のご連絡をしたく、
メールを差し上げました。
お手数をおかけいたしますが、ご対応をお願い申し上げます。

●見積もりについて
　3点を変更した再見積もりを、10/20（金）までにお送りいただければ
　幸いです。
　・ガスオーブンは、パワー 12.3kW のものに仕様変更する。
　・作業期間を、現在の見積もりの 2 日から、1.5 日に短縮する。
　・作業内容には、すべての機器の稼働チェックを含める。

●今後のスケジュールについて
　入れ替えはお伝えしたとおり 2 月、事前確認を 12 月にお願いします。
　具体的な日時は、追ってご相談させてください。
　・入れ替え希望日：2/10（土）〜 11（日）もしくは 2/17（土）〜 18（日）
　・事前の現場確認：12/11（月）の週の 15 時以降
　　機器搬入経路や設置箇所の確認が目的です。

ご不明な点がありましたら、どうぞお知らせください。
よろしくお願い申し上げます。

日橋社 総務部　児玉

メールの改訂例　187

関連する問題 練習問題 5-3

件名：社内報に情報提供のお願い

坂本さん

いつも、社内報に示唆に富むご意見をありがとうございます。
さっそくですが、企画中の 8 月号の特集「大失敗から学ぶ！」に
ついて、今週、20 分ほどお話を伺えればと考えて、ご連絡しました。
ご都合をお知らせいただければ幸いです。
今回も急で本当に恐縮ですが、よろしくお願いいたします。

●お願いの背景
8 月号では、各部門の「大きな失敗から学んだケース」を全社で共有する
ことを予定しています。広報部で取材を進めていますが、本社管理部門の
事例探しが難航中です。

●坂本さんへのお願いのポイント
そこで、管理部門業革リーダーを務められて、各部の実態に詳しい
坂本さんに、事例を推薦していただきたいのです。
具体的には 2 点です。
・内容としては、大失敗が業務改革につながった事例
・取材先は、どなたがよいか

●希望のタイミングなど
6 月 9 日（金）までにお話を伺えれば、ありがたいです。
・ミーティングでも電話でもけっこうです。
・ご都合のよいタイミングをご指示ください。

お忙しいと拝察しますが、ご協力、どうぞよろしくお願いいたします。

広報部　遠藤哲也

おわりに

「知っている」から
「実践できる」へ

　本書を手にして読んでくださったみなさま、本当にありがとうございました。
　わかりやすく論理的に、しかも速く、感じよくメッセージを伝えて、仕事を前進させること。ロジカル・コミュニケーションは、手法を「知っている」だけでなく、「実践できる」ことに意味がある「実技」です。実際のメールでも大いに練習をして実践の力を磨いてください。

☑ 実務ですぐに試してみよう

　ロジカル・コミュニケーションの「基本の型」は、練習をすればするほど身につきます。本書の練習をしたら、あなた自身のメールでも練習してみましょう。

　自分の練習ポイントを念頭に、1日1通でも3通でも継続して練習することが大事です。セルフチェックのために、第1章のチェックリストを活用してください。チェックのポイントは、「テーマ」「期待する反応」「グループ化」「要点＝ So What?」「具・簡・論・好」です。

　返事が来ない、来ても自分の意図と違ったもののとき、リストに照らして改善点がわかれば、すぐにフォローのメールを出すこともできるでしょう。それを意識して次のメールを書くことも実践的な練習です。

☑ もらったメールからも学ぶ

　自分のメールだけでなく、もらったメールも教材です。「これはわかりやすい」「すぐに仕事が進む」と思うメールも来るでしょう。チェックリストに沿って、「これができているから伝わるのだ」と確認できるようになれば、仕事のメール対応が、基本の型を身につけるトレーニングになります。

おわりに　189

✉ 周囲にも、チームにも学んでもらう

　練習で基本の型が身につけば、あなたのメールが、受け取る相手にとって "お手本" です。頻繁にメッセージのやりとりをする人なら、あなたの伝え方から「こうすればよさそう」とヒントを得てくれるでしょう。

　特に、「基本の型」の中で「導入部で期待する反応を示す」や「グループ化が見える状態にする」は、見よう見まねで実践しやすい部分です。それが後輩や部下なら、基本の型を作るための技術を教えてあげれば、より理解が深まるでしょう。

　そして、もしあなたがチームのリーダーで、チームにロジカル・コミュニケーションを浸透させたいなら──。すぐに始められる身近なメールで「基本の型」を実践する練習から、スキルアップに取り組まれては、と思います。

＊　＊　＊

　本書は、たくさんの方々との協働の機会に恵まれて、まとめることができました。

　研修を含むロジカル・コミュニケーションのスキルアップに関するサポートや、エディティングの機会をいただいたクライアントの方々、そして研修を受講してくださったみなさま、ありがとうございました。

　次世代リーダーを育てる、プロジェクト運営を効率化する、法人営業力を強化する等々、ロジカル・コミュニケーションをどう応用したいかは各社さまざまです。一方、どうしたら基礎力をつけられるかというニーズは、共通で根強いと痛感します。そのニーズや実情をみなさまが直接共有してくださったことが、身近なメールで基礎を習得する方法に取り組む原点になりました。

　東洋経済新報社マーケティング局の若手メンバーのみなさんとは今回、直接協働することができました。紙上での練習をまとめるために、実際にレッスン・練習問題に取り組んでもらいました。「この例題の解説はもう少し詳しく」「ここは短く」「このタイプの問題がもっとほしい」──。読者の方々のニーズに常にアンテナをはっている立場から、貴重な意見を多々出してくださった児玉幸恵さん、荒木千衣さん、島舞衣さん、山浦壮史さん、ありがとうございました。また、同社出版局はじめ編集スタッフの方々にも大変お世

話になりました。

　みなさまに心からお礼を申し上げます。

　最後に、いつも心強いサポートを提供してくださる福田奈美子さんと斎藤華さんのおふたりと、そして家族に感謝します。

2018 年 5 月

照屋華子

【著者紹介】

照屋華子（てるや　はなこ）

コミュニケーション・スペシャリスト。企業におけるロジカル・コミュニケーション定着のためのサポート提供とともに、論理思考やロジカル・コミュニケーションに関する研修を多数企画・実施している。ビジネス・ブレークスルー大学大学院教授（経営学研究科経営管理専攻経営管理コースで卒業研究担当）、首都大学東京大学院非常勤講師（経営学研究科経営学専攻経営学プログラムでロジカル・ライティング担当）。東京大学文学部社会学科卒業後、株式会社伊勢丹（当時）広報担当を経て、マッキンゼー・アンド・カンパニーに入社。同社でコンサルティングレポート等の論理構成・日本語表現にアドバイスをするエディティング、コンサルタントや顧客企業対象の論理構成に関するトレーニングに携わった後、独立、現在に至る。著書の『ロジカル・シンキング』（共著）と『ロジカル・ライティング』（ともに東洋経済新報社）はロングセラーとなっている。

ロジカル・シンキング練習帳
論理的な考え方と書き方の基本を学ぶ51問

2018年7月5日発行

著　者——照屋華子
発行者——駒橋憲一
発行所——東洋経済新報社
　　　　　〒103-8345　東京都中央区日本橋本石町 1-2-1
　　　　　電話＝東洋経済コールセンター　03(5605)7021
　　　　　https://toyokeizai.net/

装　丁…………市川さつき(ISSHIKI)
ＤＴＰ…………徳永裕美(ISSHIKI)
イラスト…………永野敬子
編集協力………柳沢敬法
印　刷…………東港出版印刷
製　本…………積信堂
編集担当………水野一誠

©2018 Teruya Hanako　　Printed in Japan　　ISBN 978-4-492-53392-5

本書のコピー、スキャン、デジタル化等の無断複製は、著作権法上での例外である私的利用を除き禁じられています。本書を代行業者等の第三者に依頼してコピー、スキャンやデジタル化することは、たとえ個人や家庭内での利用であっても一切認められておりません。
　落丁・乱丁本はお取替えいたします。